中国农业科学院
农业经济与发展研究所

研究论丛
第 6 辑

● 本书为中央级公益性科研院所基本科研业务费专项资金资助项目

IAED

R&D Investment, Productivity,
and Agricultural Firms Export

研发投入、生产率
与农业企业出口

贾伟 樊琴琴 王丽明 秦富 ◎ 著

中国财经出版传媒集团

经济科学出版社
Economic Science Press

前 言

　　本书在回顾和总结农业产业化及国家级农业龙头企业认定和监测的基础上，着重研究研发投入、生产率和农业企业出口三者之间的关系，共包括9章内容，具体如下。

　　第1章为绪论。主要阐述研究背景与意义、主要研究方法、数据来源及可能的创新与不足之处。

　　第2章描述我国农业龙头企业的发展状况。农业产业化已经走过30多年的发展历程，而农业企业，尤其是国家级农业企业始终是农业产业化的重要组成部分。本章主要回顾我国农业龙头企业的发展情况、发挥的重要作用及存在的主要问题。我国农业企业目前呈现"雁阵形"分布状态，而国家级农业龙头企业则是"领头雁"。

　　第3章分析我国农业龙头企业的研发投入与企业出口。从现实情况来看，农业研发投入相对较低，农业企业研发投入占销售收入的比例不足1%；农业企业出口占农产品出口的比重较高，据估算，国家级农业龙头企业的出口额占农产品出口额的30%左右。

　　第4章探讨地理位置对我国农业龙头企业绩效的影响。企业绩效的增加不仅来源于企业自身投入，外部经济发展状况也直接影响企业绩效。本章着重考察不同的地理区位对企业绩效的作用，具体而言，考察了企业所在的不同地区，即东部、中部和西部地区；企业所在的城市，如是否为省会城市等。研究结论显示，在其他要素不变的基础上，东部地区和中部地区的国家级农业龙头企业的销售收入分别比西部地区高12.75%和

43.33%；企业所在城市的差异使得省会城市的农业龙头企业绩效比非省会城市高 24.61%。

第 5 章测度研发投入对农业企业出口的影响。本章利用赫克曼（Heckman）两阶段模型，分析研发投入对农业企业出口的影响。核心观点如下：研发投入对农业企业出口的影响显著。研发投入增加，使得农业企业出口的概率增加；但对出口的农业企业来说，研发投入并没有使农业企业出口额增加。本章采用研发投入和农业企业出口的相关替代变量对此结果进行了验证。本章还探讨了其他因素对农业企业出口的影响，得出便利的地理位置、企业规模、劳动力工资等对农业企业出口均有促进作用的结论。

第 6 章讨论我国农业企业是否存在"出口—生产率悖论"，解释农业企业出口和生产率之间的关系。中国工业企业存在"出口—生产率悖论"得到不少学者的肯定，逐步引起学者重视，但对于农业企业是否存在"出口—生产率悖论"鲜有探讨。本章的核心观点如下：（1）中国农业企业存在"出口—生产率悖论"，但出口企业与未出口企业的生产率均值差异不明显；（2）与其他行业不同，加工贸易企业和外资企业的存在并不是中国农业企业存在"出口—生产率悖论"的主要原因；（3）企业市场定位、出口密集度和要素密集度成为中国农业企业存在"出口—生产率悖论"的关键因素；（4）国内市场分割对中国农业企业存在"出口—生产率悖论"的影响并不明显，但市场分割加剧了低生产率农业企业出口。

第 7 章主要从区域层面分析中国农业企业全要素生产率分布特征，兼论研发投入对农业企业全要素生产率的影响。核心观点如下：（1）2013～2015 年中国整体及各地市农业全要素生产率变动幅度不大；（2）农业全要素生产率空间差异较为明显，东部地区农业全要素生产率高于中部和西部地区，中国各地市农业全要素生产率差异明显；（3）省份农业附加值与全要素生产率不匹配，然而，畜牧类等主产省份企业全要素生产率呈现出匹配现象；（4）研发投入、要素密集度和企业规模对中国农业企业全要素生产率的影响为正，企业出口并未对农业企业生产率起到推进作用，增加企业研发投入会提升农业企业全要素生产率。

第 8 章研究中国农业出口企业和未出口企业生产率的差异性，并对生产率进行分解和比较。核心观点如下：（1）中国农业全要素生产率呈负增长态势，并且农业出口企业全要素生产率的增长率小于未出口企业的增长率；（2）粮食类、畜牧类出口企业的全要素生产率的增长率均小于未出口企业，民营农业出口企业全要素生产率的增长率小于同类型的未出口企业，东部、西部地区出口企业全要素生产率的增长率小于未出口企业；（3）技术效率恶化可能是中国农业企业全要素生产率下降的重要原因，相比农业未出口企业而言，提高企业技术效率更能促进农业出口企业全要素生产率的提升。

第 9 章给出研究结论与政策建议。重点对第 4 章至第 8 章的核心结论进行提炼和总结，并在此基础上提出政策建议。

本书中所使用的数据主要来自第六批和第七批国家级农业龙头企业监测数据，在叙述过程中，除特别说明外，所使用的农业企业数据均为国家级农业龙头企业数据。本书数据较陈旧，没有对数据进行更新的原因如下：一是数据更新困难；二是企业变化较大，如有些企业已经更名，有些企业已经退出，还有些企业已经倒闭等。

当然，本书中还可能存在一些争议或差错，但文责自负，请各位读者不吝指正。

目录

Contents

第1章

绪　论

1.1　研究背景

　　提高农业生产率是促进农业发展的关键因素。改革开放以来，中国农业发展取得了巨大成就。然而，在当前新形势下，我国农业发展依然面临很多新的挑战，传统依靠要素投入的数量型增长越来越不可持续，如何促进农业技术进步，提高产出效率，建立高效农业、现代农业实现动能转换和创新发展，是农业发展亟待解决的重要问题。党的十九大报告指出，农业农村农民问题是关系国计民生的根本性问题，必须始终把解决好"三农"问题作为全党工作的重中之重，要实施乡村振兴战略，其中，产业兴旺是乡村振兴的重要基础，是解决农村一切问题的前提。同时，党的十九大根据我国发展阶段和社会主要矛盾的变化，明确提出我国经济已由高速增长阶段转向高质量发展阶段，推动农业农村高质量发展是全面建设社会主义现代化国家的重要任务，其中，产业发展效益的提高是实现高质量发展的要求之一。农业企业作为产业发展的关键主体，既是产业兴旺的领头羊，又是农业高质量发展的微观基础，是人才、资金、技术等生产要素的集成者，因此，提高企业生产率尤为重要，是推动产业转型升级、促进农业高质量发展的关键。

国家级农业龙头企业成为中国农产品出口的重要主体。21世纪以来，中国农产品贸易持续增加，中国已成为仅次于欧盟和美国的第三大农产品贸易国。据农业农村部统计，我国农产品贸易额已从2000年的269.4亿美元增加至2021年的3041.7亿美元，年均增长速度为12.24%。2004年以来，中国农产品贸易逆差持续扩大，2021年贸易逆差额达到1354.7亿美元，比2020年增加42.9%。中国农产品国际竞争力依然有待提高，这与中国农产品生产成本高有关系。农产品出口是中国农业进入国际市场的主要路径或模式，从农产品出口主体来看，农业企业逐步成为中国农产品出口的重要主体，国家级农业龙头企业作为农业产业化、产业兴旺的"领头羊"，在农产品出口中占到了很大的份额。据不完全统计，2013~2017年农业企业出口额占中国农产品出口额的80%以上，国家级农业龙头企业出口额占农业企业出口额的20%~25%，农业企业为我国农产品贸易发展作出了重大贡献。

技术进步和企业出口是提升企业生产率的重要因素。促进出口和研发（R&D）的良性互动，使其成为生产率的推动性因素，助力整个经济走上高质量发展道路（罗长远和张泽新，2020）。20世纪80年代兴起的内生经济增长理论认为，技术进步是保证企业持续增长的决定性因素，而企业技术进步的主要来源就是企业的研发与创新。并且，理论与实践均表明企业出口与生产率关系的呈现主要取决于企业的吸收与创新能力，研发活动作为衡量企业吸收能力的指标，是发挥企业出口—生产率效应的关键因素，因此从研发投入角度对农业出口企业的生产率进行研究很有必要。通过研发所形成的吸收和消化能力，既给企业是否进行"自我选择"出口创造条件，又是企业能否获得"出口学习"效应的关键。一方面，企业对未来参与国际市场的预期，促使它们参与研发活动，而研发提升了企业的生产率，为"自我选择"参与出口活动创造了条件，因此企业研发投入、出口、企业生产率之间的传导逻辑是"研发—生产率—出口"（Constantini & Melitz，2008）。另一方面，奥等（Aw et al.，2005）基于我国台湾地区

1986 年、1991 年、1996 年电子行业企业面板数据进行研究发现，研发所形成的吸收和消化能力是企业能够收获"出口学习"效应的前提，即企业研发投入、出口、企业生产率之间的传导逻辑是"研发—出口—生产率"。中国出口企业的生产率优势总体上来源于出口学习效应和自我选择效应，但是出口学习效应的贡献要明显高于自我选择效应；此外，生产率较高的出口企业从出口学习效应中获益相对更大。除外资及港澳台企业外，这一结论对于不同行业、不同技术水平、不同规模的企业均是稳健的（张丽等，2021）。

中国企业可能存在"出口—生产率悖论"，但对于农业企业缺乏相关的研究。新新贸易理论认为出口企业比未出口企业生产率更高，但是国内学者基于中国工业、制造业企业的数据发现，在我国企业中存在着出口—生产率悖论，即出口企业的生产率比未出口企业低。中国企业之所以存在出口—生产率悖论，可能与数据、生产率测度方法、生产率影响因素的选择有关（李春顶，2015；汤二子，2017）。现有关于农业企业出口与生产率关系的研究较少，不少研究侧重于农业企业生产率的测度和分析，如企业生产率影响因素的研究，主要集中于要素投入角度，认为劳动力、资产总额、广告等要素的投入均会对农业企业生产率产生影响，但由于投入要素存在利用效率低、资源配置不合理等问题，农业企业生产率普遍不高并且很难持续增长。相关研究很少与企业出口相结合，分析农业企业出口和生产率之间的关系也为中国企业存在出口—生产率悖论提供了新的例证。

本书关注以下问题：（1）中国农产品出口与农业企业生产率关系如何？是否像工业或制造业企业那样存在出口—生产率悖论？本书借鉴梅里茨（Melitz）的模型进行理论解释，并借鉴国家级农业龙头企业数据进行实证验证。（2）研发投入对中国农业企业出口和生产率影响的作用机制是什么？一方面，研发投入如何影响其全要素生产率？另一方面，研发投入对我国农业企业出口决策产生什么样的影响，增加研发投入是否一定能够促进我国农业企业出口？

综上所述，本书利用国家级农业龙头企业数据，结合微观经济理论，主要研究内容如下：（1）国家级农业龙头企业绩效的主要决定因素分析；（2）中国农业企业全要素生产率如何分布；（3）中国农业龙头企业是否存在出口—生产率悖论；（4）研发投入如何影响中国农业企业出口；（5）基于农业出口企业和未出口企业的全要素生产率比较及分解。本书的主要研究目标是提高农业企业的生产率，进而为调整中国农产品出口结构、提高农产品竞争力、促进中国农产品贸易发展提出政策建议。

1.2 文献评述

1.2.1 研发投入与企业生产率

关于科技创新对企业生产率影响的探讨由来已久，马克思曾在《资本论》中阐述了技术变革和发明创造对经济的推动作用，而经济学家熊彼特（1979）则最早对创新进行了明确的定义。随着生产函数理论的提出，国外学者进一步发展了相关理论并开始在行业层面和企业层面进行实证研究。格里利克斯（Griliches，1964）将创新产出看作研发投入的函数，提出知识生产函数的理论模型。克雷蓬等（Crépon et al.，1998）认为研发投入通过创新产出间接对生产率产生影响，由此提出概念数据模型（conceptual data model，CDM）和生产函数模型。霍尔等（Hall et al.，1995）利用1980～1987年法国制造业企业数据测算研发对企业生产率的贡献。

与国外相比，国内学者对技术创新经济贡献的研究起步较晚。从企业层面、产业层面、省际层面，大多数文献均显示研发投入对企业生产率有促进作用。（1）企业层面的研究大多集中于工业企业、高新技术企业。刘志强和陶攀（2013）基于规模以上工业企业普查微观数据的实证分析结果表明，研发投资强度对企业生产率具有显著正向影响。孙晓华和王昀（2014）利用倾向得分匹配法（PSM）考察了研发行为对企业生产率的影响，发现有研发企业的生产率水平比与之相匹配的无研发企业高出21.5%，说明研发活动能够显著提升全要素生产率。杨勇和袁卓（2014）基于 2007 ~ 2011 年风险投资（venture capital，VC）和私募股权（private equity，PE）支持的新创企业数据实证分析发现，研发投入对企业生产率具有显著的正向影响关系，且存在滞后效应，高新技术行业的研发投入弹性系数明显高于非高新技术行业，研发投入对不同生产率水平企业生产率的贡献具有明显差异。（2）产业层面的研究也主要集中于工业行业、制造业行业和高新技术行业。夏良科（2010）基于 2000 ~ 2007 年中国大中型工业行业数据实证研究表明，R&D 投入与 R&D 溢出都是影响全要素生产率及相关变量的重要因素。吴延兵（2006）运用中国四位数制造产业数据，通过估计两种不同的生产函数模型发现研发投入对生产率有显著正向影响，同时研发投入对生产率的促进作用还依赖于产业技术机会，高科技产业的研发产出弹性显著大于非高科技产业的研发产出弹性。刘晔林和陈聃（2021）研究认为：研发费用加计扣除政策的施行能够显著提升企业的全要素生产率，研发费用加计扣除政策对企业全要素生产率的提升是通过提高企业的研发投入而实现的。（3）省际层面的研究均发现研发投入对省份生产率的影响效应存在地区差异。吴延兵（2008）基于一阶差分法和固定效应法考察了 1996 ~ 2003 年中国 29 个省（区、市）的情况，发现自主研发有利于生产率改善。曹泽（2011）基于 1998 ~ 2009 年中国省际面板数据进行实证分析，发现企业研发投入对全要素生产率存在显著影响，东部地区的效应要大于中西部地区。王永进和刘卉（2021）研究表明高生产率的企业更加倾向于进入国外市场和进行研发投入，反事实模拟的结果表明，在企业生产过程中，专利申请具有重要的作用。当关闭所有专利申请渠道时，出口对生产率的影响将下降 6.12%；当关闭出口渠道时，专利申请渠道对生产率的影响则会降低 3.11%。

但也有部分研究显示研发投入与生产率的关系在统计上并不显著，甚至会阻碍企业生产率的增长。张海洋（2005）基于 1999 ~ 2002 年 34 个中国工业行业面板数据，对研发与生产率、技术效率以及技术进步之间的关系进行检验发现，企业研发对于生产率和技术效率的影响不显著或者具有显著的负向影响，而研发对于技术进步具有显著的正向影响，从而论证了研发所存在的两面性。李小平和朱钟棣（2006）基于 1998～2003 年工业行业面板数据，得到 R&D 投入与 R&D 溢出阻碍了全要素生产率增长的结论。朱平芳和李磊（2006）运用上海市 1998～2003 年的 189 家大中型企业的数据，发现 R&D 技术引进对于国有企业生产率有显著的影响，但是对于外资企业并没有显著的影响。李宾（2010）在考虑了序列平稳性、内生性和残差序列相关性的基础上，指出国内研发对生产率没有起到预期效应。李尚骜等（2011）指出，研发的过多投入会对人力资本的存量进行侵蚀，从而造成全要素生产率的降低，对于全要素生产率具有反作用。然而，经济增长理论却赋予企业 R&D 投入十分重要的意义，甚至认为它是增长的发动机，这种理论与经验证据间的鲜明对照被称为 "R&D 投入回报之谜"。基于此，尹恒和柳荻（2016）采用广义矩估计（GMM）的检验表明，企业本期 R&D 投入确实会对其下期生产率产生显著影响，并且 R&D 投入对企业生产率的这种影响具有不可忽视的不确定性、非线性和企业异质性。

同工业领域相比，农业领域中关于研发投入的研究则比较少，主要原因是受到数据可获取性的制约。米建伟等（2009）基于 1984～2002 年农业分省份公共投资的面板数据，对农业生产率与公共投资的关系进行计量分析，发现农业科研投资与水利灌溉投资能够显著促进全要素生产率的提高。王建明（2009，2010）认为农业科研投资对经济增长的贡献作用显著，同时发挥作用持续时间长，但是整体投资不足。孟金卓（2012）利用多项式分布滞后模型分析了农业科研公共投入对于农业生产率的贡献，研究结果表明，农业科技三项费用每增加 1 亿元，可以促进农业生产率在短期内提高 0.0259、在长期内提高 0.1812。

综上所述，从研发投入与企业生产率之间的关系来看，大多数文献均显示研发投入对企业生产率有促进作用，但也有部分研究显示研发投入与生产率的关系在统计上并不显著，甚至会阻碍企业生产率的增长；还有文献从不同的角度，引入中间变量来说明研发投入对企业生产率的影响。但是，现有文献也存在一些不足：（1）受数据可获取性的制约，关于研发投入与企业生产率的研究更多是在工业领域，农业领域涉及得比较少。（2）现有文献关于研发投入对企业生产率的作用路径研究得很少，仅是从分解企业创新过程，构建从企业创新决策、创新投入、创新产出到生产经营效率提升的多阶段函数模型组合，挖掘了创新对企业效率提升的影响。但是，对于农业企业，研发投入如何影响其全要素生产率？对于存在出口活动的企业，研发投入对其生产率的作用机制与不存在出口的企业有差异吗？

1.2.2 研发投入与企业出口

产业内贸易理论表明，出口会通过规模效应、竞争效应等方面来刺激企业的创新需求。企业进入国际市场之后，会拥有更广阔的市场以及更多的市场需求，与此同时企业面临的竞争压力就会更大，且会使企业本身的资源在出口中进行再分配并进行生产要素结构的升级调整。研究与创新能力也会在企业的生产结构调整等方面起到促进作用，并且提升企业在国际市场上的竞争力，促进企业进行出口选择，因而企业的研发能力与出口存在着显著的相关性。

国外学者分别采用英国企业数据、西班牙企业数据、爱尔兰企业数据等对研发与企业出口间的关系进行研究，大多数研究证实了研发与企业出口存在正相关关系，企业过往的研发经历提升了参与出口的可能性，从事创新的大型企业更有可能出口，以往从事创新活动的次数越多，越有可能出口，并且企业出口后，研发更有助于提升企业的出口比重（Wakelin，1998；Bleaney & Wakelin，2002；Barrios et al.，2003）。当然，也有学者基于英国企业数据研究发现研发与企业出口间并没有明显的相关关系，企业过往的研发经历对企业出口没有显著影响（Girma et al.，2008）。

我国也有很多学者对研发和出口的关系进行了研究，主要集中在以下几个方面。（1）研发投入对高新技术产品出口具有正向促进作用。彭中文（2006）、杨波（2006）分别从研发投入对高新技术产品出口竞争力、出口费用的角度，证实了我国研发投入对高新技术产品出口具有正向促进作用，并且研发经费每增加 1 亿元可带动高技术产品的出口增加 0.8315 亿美元。进一步地，有学者基于协整理论，应用协整分析方法和格兰杰

（Granger）因果检验从长期、短期关系角度研究了研发投入对高新技术产品出口的影响，表明 R&D 投入能对我国高新技术产品出口起促进和推动作用，短期和长期内研发投入都是出口的格兰杰因果关系（朱惠和郭友群，2011；江彬，2014）。（2）在众多影响企业出口的因素中，研发与创新是主要影响因素。赵忠秀和吕智（2009）对影响企业出口因素的相关文献进行了述评，认为生产效率、宏观经济政策等因素均影响企业出口，研发与创新也是影响企业出口的主要因素。谭亮和李传昭（2010）认为不考虑其他因素的影响，企业竞争力越强，研发投入越高；出口规模越大，越有研发投入的积极性；影响出口的因素有企业利润、研发投入和信息化投资，值得一提的是，研发投入对出口影响最大。（3）研发投入对企业出口的影响存在异质性。一方面，外资、港澳台资企业研发对企业出口行为的影响力大于内资企业，甚至内资企业中研发对企业出口呈负向作用（刘海云和田敏，2013；盛丹等，2011）；另一方面，在外资企业中研发投入对企业出口的影响根据企业出口密集度的不同而不同，高出口密集度外资企业的研发投入低于未出口外资企业，低出口密集度外资企业的研发投入则高于未出口企业，出口密集度与研发投入之间存在显著的非线性关系（刘峰和刘晴，2015）。（4）达到一定量的研发投入才能对企业出口起作用，并且研发投入对企业出口的影响存在中介变量。学者们分别基于 2005 ~ 2007 年中国制造业、工业企业样本数据对研发创新与企业出口进行研究，发现研发均能提高企业出口概率以及出口总量、出口规模；在工业企业中研发创新使其出口概率平均增加 8.2%，研发创新投入必须达到一定的深度才能对企业出口规模扩大产生积极稳定的作用，否则其对出口规模增长的作用不仅有限，甚至可能弱化这一增长效应；在制造业企业中，进一步发现研发对于企业生产率也有预期中的促进作用，说明生产率是企业研发对出口贸易的中介作用机制（汤二子和孙振，2012；晏涛，2013）。

综上所述，从研发投入与企业出口之间的关系看，尽管现有文献对研发投入与企业出口的关系进行了探讨，大多数研究基于机械制造业等工业部门微观数据，且基本得到了一致性结论，即研发投入促进企业出口，但现有文献缺乏对研发投入与农业企业出口的关系研究。当然，这可能与农业企业出口等相关数据较难获取有一定关系。农业企业出口成为我国农产品贸易的主要主体，研发投入和产品出口两者占农业企业销售收入的比重并不协调。企业研发投入占销售收入的比重不足 1%，甚至一些农业企业没有研发投入，多数农业企业缺乏核心竞争力。研发投入对我国农业企业出口决策产生什么样的影响，增加研发投入是否一定能够促进我国农业企业出口？这是相关章节所要探讨的问题。

1.2.3　企业出口与生产率

企业出口和生产率两者之间的关系具有一定的不确定性，但大多数学者认为两者应该是相互促进的，也有少数学者对此提出不同观点，如发现不同规模与不同产品特性的企业出口与生产率的关系存在显著差异（张杰等，2008）。出口为什么会影响企业生产效率？企业的产品配置行为是企业应对出口市场竞争、提升企业生产率的重要机制，国际市场竞争加剧可能会促使企业选择核心产品或者集中在某一种产品上，又或者是为了进一步扩大出口市场，加大研发投入，提高企业生产率；出口产品配置对于不同性质和不同规模企业生产率的提高具有一定的差异（桑瑞聪等，2018），尤其是对于国有企业而言，由于国有企业享受到了政府补贴、研发费用和申请专利等方面的补贴，出口对国有企业生产率的提高不显著或者说远低于非国有企业（王聪和李晓庆，2021）。新新贸易理论认为，出口企业的生产率比未出口企业更高，但是国内学者基于我国工业、制造业企业的数据研究发现在我国的企业中存在着出口—生产率悖论，即出口企业的生产率比未出口企业低。相关研究为中国企业出口—生产率悖论的存在提供了诸多事实证据（李春顶，2010，2015；马述忠和郑博文，2010；Lu et al.，2010；Dai et al.，2016；汤二子，2017；高艺等，2020）。

当然，中国企业之所以会存在出口—生产率悖论也是要满足一些前提条件的，如出口密度、企业性质、所属行业、企业存在时间等。范剑勇和冯猛（2013）研究认为，出口密度低的企业不存在出口—生产率悖论，出口密度高的企业存在出口—生产率悖论。盛丹（2013）认为，内资企业出口行为与异质性企业贸易理论一致，外资企业则表现出明显的出口—生产率悖论。聂文星和朱丽霞（2013）研究表明，中国在 2005 年之前不存在出口—生产率悖论，在 2005 年之后出现出口—生产率悖论。张坤等（2016）研究认为中国制造业出口企业的生产率高于未出口企业的生产率，纯出口企业的生产率低于未出口企业的生产率。进一步地，王怡等（2019）从贸易中介视角将出口分为直接出口与间接出口，研究发现中国企业的出口—生产率悖论问题主要来自直接出口企业，间接出口企业不存在明显的悖论问题。孙楚仁等（2021）基于制造业企业数据从梅里茨模型出发采用自助法（bootstrap）研究发现，中国制造业出口—生产率悖论整体上并不成立，制度改进有助于改善出口—生产率悖论境况。

关于出口—生产率悖论产生的原因，很多文献分别从加工贸易（李春顶，2010；李春顶等，2010；戴觅等，2014）、国内市场分割（朱希伟等，2005；张杰等，2008；安虎森等，2013；张艳等，2014；盛丹，2013）、制度（张杰等，2008）、信用约束（曾萍和吕迪伟，2014）、出口密集度（戴觅等，2014；范剑勇和冯猛，2013）、企业所有权（盛丹，2013；戴觅等，2014；曾萍和吕迪伟，2014）、行业资本密集度（李建萍和张乃丽，2014；霍伟东和王明彬，2015）等角度对其进行了探讨。汤二子和刘海洋（2011）在对中国微观企业的研究中发现了这种出口—生产率悖论，认为这种现象的产生可能是我国特殊的国情导致的。戴觅等（Dai et al.，2016）研究认为加工贸易企业是产生出口—生产率悖论的主要原因，在出口企业中区分"加工贸易"企业和"非加工贸易"企业是关键。杨汝岱和贺灿飞（Yang & He，2014）使用 1998～2007 年中国企业微观数据库里的大样本数据，采用 OP 方法测算了我国的全要素生产率，检验出我国出口企业生产率存在着显著的出口—生产率悖论，并且试图从本地市场保护和出口溢出效应的角度解释其产生的原因。

尽管众多学者从不同角度解释了出口—生产率悖论为何存在，但也有部分学者认为出口—生产率悖论在我国并不存在，并从出口企业密度（范剑勇和冯猛，2013）、全要素生产率的核算方式（霍伟东和王明彬，2015）等角度进行了解释。孙楚仁等（2021）研究认为中国制造业出口—生产率悖论整体上并不成立，制度改进有助于改善出口—生产率悖论境况。因此，进行深层次的制度改革，对于增强企业出口竞争力具有重要的实践意义。然而，李春顶（2015）对出口—生产率悖论在异质企业贸易理论与实证文献中的地位、事实依据、理论解释以及未来的研究思路及方向进行了梳理和综述，认为使用不同的数据方法对出口—生产率悖论进行验证以及厘清出口—生产率悖论产生的原因仍有必要。

出口—生产率悖论并不意味着低生产率企业出口损害我国贸易，李建萍和辛大楞（2019）研究表明，即使出口企业生产率低于非出口企业，贸易开放也显著提高了行业平均生产率水平和一国总贸易利益，而仅有存在显著出口—生产率悖论的行业内企业是否出口的决策可能成为抑制中国贸易利益持续提升的影响因素。那么，中国农业企业出口是否像工业或制造业企业那样存在出口—生产率悖论呢？现有文献为本书进一步验证中国企业出口—生产率关系提供了一定的借鉴和帮助，但也存在以下不足。（1）大多数学者的研究对象为工业企业或者制造业企业，很少涉及其他类型的企业。（2）从数据上看，学者大多使用的是中国工业企业数据库某一年份截面数据或者不同年份数据构造的混合面板数据。事实上，判断及解释中国企业中出口与企业生产率的关系，看其是否存在出口—生产率悖论，需要选择其他行业企业的样本数据，如农业企业数据进行分析。

1.3 基本概念

1.3.1 全要素生产率

生产率是指单位投入的可得产出。衡量生产率的指标有单要素生产率和全要素生产率。单要素生产率通常测算的是产出与单一要素投入之比，如劳动生产率等，测算的层面比较单一，无法反映生产率的整体变动情况；全要素生产率测算的则是产出与全部投入要素之比，能够反映出生产率的综合水平以及变化。因此，可以看到使用全要素生产率更具有优势。全要素生产率由索洛在 1957 年提出，在扣除资本、劳动对社会产出增长率的贡献后剩余的部分就是全要素生产率，也称为索洛余值（Solow，1957）。随后，丹尼森和波利尔（Denison & Poullier，1967）基于索洛余值概念，进一步把全要素生产率的增长率定义为：产出增长率在扣除各种生产要素投入增长率的产出效益后的余值。

根据丹尼森和波利尔（1967）对全要素生产率增长率的定义及分解，可以将影响全要素生产率增长的因素分成要素质量变动、知识进步、资源配置、政策影响等多个方面。根据已有文献对全要素生产率的研究，全要素生产率的变化可以分成两个部分，即技术进步和效率改进，其中效率改进又包括三个部分，即技术效率、规模效率和配置效率（李果，2019）。要素质量的变动以及知识的进步都可以引致企业技术水平的变动从而对全要素生产率带来影响；资源配置以及外在政策环境等的变动则会引起企业技术效率的变动，进而对企业全要素生产率产生影响。

现有研究对于农业及农业企业全要素生产率的界定也有一定的差异，主要有以下几种设定：一是将农业全要素生产率的内涵界定为农业生产中除投入之外的其他技术因素及制度因素对于农业产出的影响（石慧和孟令杰，2007）；二是将农业全要素生产率界定为农业生产中总产量和全部要素投入量的比例（应瑞瑶和潘丹，2012）；三是直接界定农业全要素生产率等于农业科技进步率（范丽霞和李谷成，2012）；四是将农业全要素生产率界定为除去自然资源投入外所有要素带来的农业产出的增长率（谢晓霞，2012）。

关于全要素生产率的测定，从方法上来看，过去长时期内均采用简单最小二乘法（LSM）测定全要素生产率，使用残差项代表全要素生产率，但是简单最小二乘法会产生同时性偏差和样本选择性偏差等技术问题，其残差项和回归项相关，导致估计结果产生偏误。为了解决同时性偏差，固定效应模型逐步被学者采纳，但是这会导致估计结果仅体现出个体异质性而无法体现出由于时间变动带来的信息，为了更好地解决这一问题，不少国内学者采用 OP[①]、LP[②] 方法测度全要素生产率。其中，LP 方法考虑到企业中间投入品的无效数据值相对较少，从而将代理变量由企业投资额换为企业中间品投入，克服了因大量无效样本丢失所带来的估计准确度降低的问题。

进一步地，关于全要素生产率增长率的测算，鲍克（Balk）在 2001 年提出广义曼奎斯特生产率指数（generalized Malmquist index）；奥雷亚（Orea）在 2002 年对该指数进行了改进及分解，在规模报酬可变的情况下，把全要素生率从产出角度在时期 t 到时期 $t+1$ 的变化分解为 TEC、TC、SEC 和 OME 四个部分，即 $TFPC = TEC \times TC \times SEC \times OME$，其中 $TFPC$ 表示全要素生产率的变化，TEC 表示生产效率的变化，TC 表示技术效率的变化，SEC 表示规模效率的变化，OME 表示产出组合效应。

1.3.2　出口—生产率悖论

新新贸易理论提出以来，企业的异质性与出口选择的关系已经成为众多经济学家研究的课题，并成为国际贸易领域又一重大的历史性突破。

梅里茨（2003）模型的基本假设有如下几个前提：一是企业是依照自己生产率的水平进行出口选择的；二是企业选择出口时会产生沉没成本；三是所有企业都是异质性的，不同的企业生产率水平以及边际产出率是存在差异的；四是任何企业无论生产率水平的高低都是无法预测自身未来的生产率水平的。

梅里茨模型在验证过程中找到了两个临界值即出口临界值和不生产临

---

① 奥雷和帕克斯（Olley & Pakes，1996）提出的一种测定全要素生产率的方法，简称 OP 方法。

② 莱文索恩和佩特瑞（Levinsohn & Petrin，2003）提出的测定全要素生产率的方法，简称 LP 方法，该方法并不使用投资额作为代理变量，而是使用中间投入品作为投入变量。

界值，两个临界值的关系如图 1-1 所示。

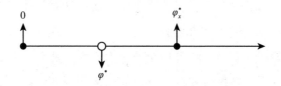

图1-1　企业出口与生产率关系示意

从图 1-1 可以看出，当企业生产率水平 $\varphi < \varphi^*$ 时，企业由于净利润为负选择不生产退出市场；当企业的生产率水平 $\varphi^* < \varphi < \varphi_x^*$ 时，企业都会选择不出口并且服务于国内市场；当企业的生产率水平 $\varphi > \varphi_x^*$ 时，企业在选择服务国内市场的同时还选择出口国外市场。梅里茨在基本模型假设中得出生产率较高的企业不仅会在国内市场上销售，同时也会选择出口国际市场，而一些生产率比较低的企业则会选择内销或者退出市场竞争，这就是新新贸易理论所描述的"异质性企业自选择"。

但是，不少学者利用相关数据检验了中国企业出口与生产率的关系，提出了与梅里茨的异质性企业贸易理论不一致的研究结论，即内销企业生产率高于出口企业，且企业出口与生产率呈现负相关关系，也就是生产率越低的企业反而出口越多，此结论与新新贸易理论的结论相悖，由此被称为"出口—生产率悖论"。

1.4　研究方法与数据来源

1.4.1　研究方法

本书运用定性分析和定量分析相结合的研究方法，其中定量方法包括多元回归分析方法、Heckman 两阶段方法、Probit 模型、OP 方法以及随机前沿生产函数，以下只做简要描述，具体阐述详见相关章节内容。

（1）多元回归分析方法，指在相关变量中将一个变量视为被解释变量，其他一个或多个变量视为解释变量，建立多个变量之间的线性或非线性数学模型数量关系式并利用样本数据进行分析的统计分析方法。

（2）Heckman 两阶段方法是由赫克曼（1979）提出的，主要用于克服样本的选择性偏差问题。该模型包含选择方程和结果方程。选择方程判断样本是否进入"选择机制"，并产生一个逆米尔斯比率，在结果方程中代入逆米尔斯比率以控制样本数据存在的"样本选择"问题，这样在结果方程中解释变量产生的边际效应就包括两部分：第一部分是解释变量对被解释变量产生的直接影响；第二部分为通过改变个体被选入样本的可能性而产生的间接影响（即选择性偏差）。

（3）Probit 模型是一种线性模型，特点是服从正态分布，主要用于被解释变量 Y 是一个 0、1 变量的二值选择研究，属于离散选择模型。

（4）OP 方法是指奥雷和帕克斯（1996）运用半参数估计方法对同时性偏差和选择性偏差带来的估计结果有偏的问题进行了修正。该方法假定企业根据当前企业生产率状况作出投资决策，为解决同时性偏差带来的内生性问题，以企业的当期投资作为企业在当期决策时可观测效率的代理变量引入方程中；为得到企业的投资额，采用永续盘存的方法进行计算；在同时性偏差得到修正后，为得到更为准确的估计结果，通过引入退出变量将企业的动态选择行为纳入估计过程，从而实现了对选择性偏差的修正。OP 方法的缺点是：在满足代理变量（投资）与总产出始终保持单调关系等一系列假定的条件下，OP 方法才可以提供对企业层生产函数的一致估计值，这就意味着那些投资额为零的样本并不能被估计；事实上，由于并非每一家企业每一年都有正的投资，很多企业样本在估计过程中被丢弃了。

（5）随机前沿生产函数（SFA）被广泛用于分析技术效率，其核心在于构造出一个存在具体生产前沿面的生产函数，而对生产函数的参数形式、方程构造和误差项的设定具有严格的要求，把除要素贡献能够解释的部分外剩下的增长视为生产率的贡献，并认为个体经济决策单元不能落到前沿生产面的主要原因在于技术效率的损失。

1.4.2　数据来源

本书数据主要来源于以下几个部分：一是 2011～2017 年国家重点龙头企业认定和监测数据；二是中国统计数据，如 2015～2020 年《中国科技统计资料汇编》；三是中国知网、农业农村部官方网站等文献资料数据；四是其他数据。

1.5 可能的创新与不足

本书研究可能具有以下创新之处。首先，从企业层面测度全要素生产率。现有文献大多根据《中国统计年鉴》数据，就省份层面数据测度农业企业全要素生产率，并进行不同地区、不同行业的比较分析。其次，中国企业是否存在出口—生产率悖论，需要从多个角度进行验证。现有文献就中国企业存在出口—生产率悖论的研究大多基于中国工业数据库中的相关数据，基于其他类型的数据使用相对较少。

本书研究可能的不足之处：本书是作者在多次从事产业化工作的过程中撰写的，数据没有统一到固定的年份；在研究过程中，也会存在其他的问题。

第2章

我国农业龙头企业的现状、运行和问题

2.1 农业龙头企业的现状

2.1.1 农业龙头企业

农业产业化龙头企业（以下简称"农业龙头企业"）是通过对资金、技术、人才等生产要素的综合利用来促使农户形成生产专业化、规范化、规模化和集约化的企业（徐雪高和张照新，2013；陈新达等，2014；姜长云，2017；李炳坤，2006）。农业龙头企业是乡村产业振兴的生力军，在乡村产业振兴中具有举足轻重的地位。

农业龙头企业已成为促进农业产业化发展的重要支柱力量。农业产业化是我国农业经营体制机制的创新，是现代农业发展的方向。农业龙头企业作为构建现代农业产业体系的重要主体，是推进农业产业化经营的关键。我国农业产业化工作快速发展，已取得了举世瞩目的成就。2020年农业农村部统计数据显示，现有农业龙头企业中属于县级以上的有9万家，其中国家级农业龙头企业1547家，省级以上近1.8万家，市级以上近6万家，初步形成国家、省、市、县四级联动的乡村产业"新雁阵"。全国农业龙头企业所提供的农产品及加工制品占到全国市场供应量的1/3、主要城市"菜篮子"产品供应量的2/3、全国农产品出口总额的4/5。国家级农业龙头企业辐射带动农户1.27亿余户，吸纳就业千余人，农户增收额为3000元。实践证明，农业龙头企业已成为促进农业发展、带动农民增收、保障农产品供给、维护市场稳定的重要支柱力量。

发展乡村产业，重点是建设"三链"，即延伸产业链，大力发展农产品加工业；贯通供应链，完善农产品流通设施；提升价值链，发展新产业新业态。农业农村部2021年印发的《关于促进农业产业化龙头企业做大做强的意见》提到，农业产业化龙头企业是打造农业全产业链、构建现代乡村产业体系的中坚力量，是带动农民就业增收的重要主体。（1）农业龙头企业是保障国家粮食安全的担当者。农产品稳定供给是国民经济社会健康发展的重要基础。农业龙头企业引导合作社、家庭农场共建原料基地，稳定市场流通秩序，有力保障了农副产品市场供应，县级以上龙头企业提供的粮油类产品占市场供给的1/3多，提供的"菜篮子"产品占市场供给的2/3多。（2）农业龙头企业是农业农村现代化的引领者。近年来，大型龙头企业持续加大科技研发投入，提升产业链现代化水平。2020年，省级以上龙头企业科技研发投入850多亿元，通过研发新技术、新装备、新产品，开展科技自主创新和协同创新，提升生产标准化程度，推行绿色生产方式，促进产业转型升级发展。（3）农业龙头企业是农民就业增收的带动者。龙头企业一头连着农民、一头连着市场，通过产销订单、土地托管、资产入股等方式，带领小农户融入现代农业发展。2020年，县级以上龙头企业引领各类农业产业化组织辐射带动农户1.2亿多户，吸纳就业中农村户籍劳动力接近七成，有效带动了农民就地就近就业，让农民更多分享产业增值收益。

农业农村部指出，引领乡村产业高质量发展需要进一步激发龙头企业创新活力和发展动力，充分发挥好示范带动作用。（1）发挥要素聚集的平台作用，引导龙头企业集聚更多的资金、技术、人才、信息等要素，优化要素配置、建设园区载体，带领各类农业经营主体共同开发乡村特色资源，打造乡村产业发展新高地。（2）发挥产业融合的载体作用，引导农业龙头企业担当农业全产业链的"链主"，跨界配置农业与现代产业要素，打通产业上中下游的各个环节，催生新产业新业态新模式，促进跨区域产业链融合，开拓乡村产业发展新空间。（3）发挥创新驱动的引领作用，引导农业龙头企业利用自身技术先进、实力雄厚等优势，加强研发投入和成果转化，提升技术装备水平，致力解决关键品种、关键技术、关键设备等问题，促进乡村产业转型升级。（4）发挥联农带农的中坚作用，引导农业龙头企业牵头组建农业产业化联合体，巩固契约式、推广分红式、完善股权式利益联结机制，带动农民就业增收致富，激发乡村产业发展新活力。

2.1.2　农业龙头企业的认定和监测情况

根据主管部门的评选认定可以将农业龙头企业分为国家级、省级和地市级三类。由农业农村部、国家发展改革委、财政部、商务部、中国人民银行、国家税务总局、中国证券监督管理委员会以及中华全国供销合作总社等八部委联合认定的国家级农业龙头企业需要满足很多条件，包括资产总额、资产负债率、主营产品产销率、带动农户能力等。国家农业龙头企业的认定与监测是农业产业化工作的常规工作，已先后开展了七次认定和九次监测。国家重点龙头企业认定工作不定期开展，2011年、2019年和2021年分别开展了第五批、第六批和第七批国家重点龙头企业的认定工作；国家重点龙头企业每两年监测一次，按照"退一补一"原则，淘汰一批、递补一批新的国家重点龙头企业。

近几年国家重点龙头企业认定和监测情况如下。（1）2018年经各省（区、市）初步监测、专家审核、全国农业产业化联席会议审定，有1095家农业产业化国家重点龙头企业监测合格；其他企业因达不到规定标准和要求，监测不合格；递补148家企业获得农业产业化国家重点龙头企业资格。因此，截至2018年底，共有1243家国家级重点农业龙头企业。（2）2019年经专家评审和全国农业产业化联席会议审定并在媒体公示，决定认定北京嘉博文生物科技有限公司等 299 家企业为农业产业化国家重点龙头企业，有效期到 2022 年监测结果公布前。(3) 2020 年经各省（区、市）初步监测、农业农村部组织专家评审和全国农业产业化联席会议审议，有 1120 家农业产业化国家重点龙头企业监测合格；123 家企业因达不到规定标准和要求，监测不合格。截至 2020 年底，共有 1547 家国家级重点农业龙头企业。(4) 2021 年经各省（区、市）遴选推荐、农业农村部组织专家评审、全国农业产业化联席会议审议、公示，决定认定北京臻味坊食品有限公司等 412 家企业为农业产业化国家重点龙头企业，有效期到 2024 年监测结果公布前。

2.2 农业龙头企业的运行情况①

根据 2018 年农业农村部统计数据，现有农业龙头企业中属于县级以上的有 8.97 万家，属于省级以上的有 1.8 万家，属于国家级的有 1243 家，并且这些农业龙头企业带动农户数量、农户增收额分别为 1.27 亿人、3000 元。从各省份国家级农业龙头企业数量规模来看，省内包含国家级农业龙头企业数量最多的前三名分别是山东第一、江苏第二、河南和四川并列第三。

农业龙头企业数量地区分布存在差异。从表 2 - 1 可以看出，2018 年在 1243 家国家级农业龙头企业中，位于东部地区、中部地区、西部地区的企业数量分别为 505 家、373 家、365 家，占比分别为 40.6%、30.0%、29.4%。从不同地区分布的企业数量可以看出，国家级农业龙头企业主要分布在东部地区和传统农业大省，并且东部地区具有明显的数量优势。例如，山东、浙江、广东和福建等经济较发达省份均位于东部地区，四川、河南等省份均属于传统农业大省。

---

① 由于数据难以获取，本章仅以 2016～2017 年的国家级农业龙头企业的数据，从地区、行业和规模等三个角度介绍国家级农业龙头企业的基本情况。

表 2 - 1　　　　　　　　2018 年国家级农业龙头企业省份分布状况

区域	省份	数量（家）	省份	数量（家）	省份	数量（家）
东部地区 （505 家）	北京	39	上海	20	山东	88
	天津	15	江苏	61	广东	56
	河北	46	浙江	56	海南	17
	辽宁	55	福建	52		
中部地区 （373 家）	山西	32	安徽	49	湖北	48
	吉林	47	江西	40	湖南	47
	黑龙江	50	河南	60		
西部地区 （365 家）	重庆	32	西藏	7	宁夏	19
	四川	60	陕西	36	新疆	47
	贵州	25	甘肃	27	广西	31
	云南	26	青海	17	内蒙古	38

农业龙头企业平均规模较小。2018 年，有 145 家国家级农业龙头企业的年销售收入高于 45 亿元，有 205 家国家级农业龙头企业的年销售收入在 15 亿~45 亿元，国家级农业龙头企业年销售收入在 2 亿~15 亿元的有 734 家，数量最多，年营业收入在 8000 万~2 亿元的有 129 家，有 30 家国家级农业龙头企业的年销售收入低于 8000 万元。由此可知，我国农业龙头企业的年销售收入主要集中在 2 亿~15 亿元，占比达到 59.1%（见图 2 - 1）。

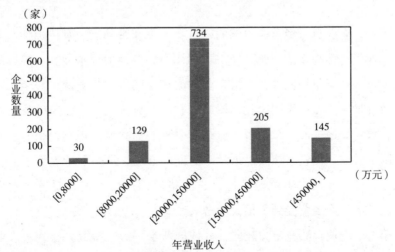

图 2 - 1　2018 年国家级农业龙头企业年销售收入分布

2018 年，年销售收入超过 100 亿元的国家级农业龙头企业有 70 家，位于东部地区、中部地区、西部地区的国家级农业龙头企业数量分别为 42 家、21 家、7 家，占比分别为 60%、30%、10%。结合表 2－1 和图 2－2 可知，东部地区的国家级农业龙头企业数量以及企业规模均相对较大，中部地区的国家级农业龙头企业数量最多但规模相对较小，西部地区国家级农业龙头企业的数量以及规模与东部、中部地区均有差距。

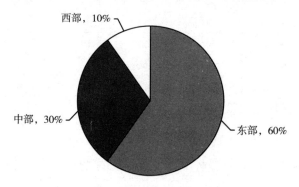

图 2－2　2018 年营业收入在 100 亿元以上的国家级农业龙头企业分布

②.③ 农业龙头企业存在的问题

第一，企业自身经营能力偏弱，自身实力和带动能力有待加强。现阶段，企业生产面临多重问题，经济下行压力、劳动力成本增加、银行放贷不足以及同业竞争加剧等，使得企业的盈利空间进一步缩减，甚至出现亏损。粮食加工类企业受国家托市影响，在"稻强米弱""麦强粉弱"的环境下，效益普遍一般。个别畜牧业企业受到非洲猪瘟的影响，企业盈利能力下降。乳业、糖料、橡胶、果汁等受进口增加、价格下行等因素的影响很大。一些企业因中美贸易摩擦、非洲猪瘟、自然灾害等而遭受重大损失，正常的生产经营受到了很大冲击。

第二，企业核心竞争力较弱，科技创新水平有待提高。首先，农业龙头企业中的大多数处于初级加工阶段，企业难以科学合理地进行资源配置、生产要素利用，因此会造成企业生产的低水平、低标准、低档次等问题，导致龙头企业的核心竞争力不强。其次，虽然已有不少企业与高校或科研机构合作建立了研发机构，政府也已加大科研投入，但农业科技成果的利用力度不大，科技创新水平有待提高。《2021 中国涉农企业创新能力评价》的结果显示，涉农企业创新能力总体处于中等偏低水平，各企业之间差距明显。上市涉农企业创新投入能力不足，研发经费和人员投入水平仅相当于上市企业整体水平的一半多，创新环境有待提升，企业对政府创新政策的利用程度整体不高。最后，农业企业创新能力整体分布不均。《2020 中国区域农业科技创新能力报告》显示，我国区域农业科技创新能力呈现不均衡态势，华东、华北、中南地区表现突出，西北、西南地区偏弱，需要按照区域农业生产功能需求和产业发展问题导向，合理布局农业科技资源，才能有效推动农业高质量发展。

第三，规模小的农业企业发展面临压力。为解决农业龙头企业基地建设相对滞后的问题，企业会选择增加厂房设备、原料基地、销售渠道等方面的投资，但农业企业中投资具有投资资金多、生产周期长、投资回报周期长等特点，因此，一般企业会选择通过大量贷款来延长企业产业链，在短期内难以产生经济效益，导致部分企业资产利润率偏低，这会对企业的生产造成一定的压力，并且由于扩大生产规模，使得企业在短期内很难维持正常的生产经营状况。

第四，企业抗风险能力差，融资渠道有待扩宽，政府调控体系有待改善。首先，大多数农业龙头企业作为中小型企业除了本身固有的风险外，农业生产的弱质性和高风险性增加了其市场风险。其次，农业龙头企业在交易中多与教育水平相对薄弱的农户打交道，增加了其经营风险。在本身固有风险、市场风险和经营风险的共同影响下，金融机构对于农业龙头企业的信贷活动格外慎重，从而使得企业融资渠道变得更窄。因此，在农业龙头企业的发展过程中，政府应通过提供财政资金引导、信息平台服务及法律手段来引导企业的长期发展。

第**3**章

我国农业龙头企业的
研发投入与出口

自中国加入世界贸易组织（WTO）以来，中国农产品出口持续增加，2004 年中国农产品出现贸易逆差，并在以后年份中逐步扩大。农业企业，尤其是国家级农业龙头企业一直是农产品出口的重要主体，根据推算，国家级农业龙头企业出口额至少占农产品出口额的 20% 以上。[①] 从农业及农业企业研发（R&D）投入的情况来看，农业科技研发投入占全国研发投入的比重不足 5%，而农业企业研发投入占其销售收入的比重不超过 1%，远低于国际一流农业企业。[②]

3.1 农业龙头企业的研发投入情况

为了便于比较，本节分别从我国总体研发投入情况、农业研发投入情况和农业龙头企业研发投入情况三个方面加以论述。

我国农业研发投入整体呈现增长趋势，农业研发投入强度低于我国整

①② 作者根据 2011～2017 年国家级农业龙头企业公开数据推算而得。

体研发投入强度，农业龙头企业研发投入强度高于农业研发投入强度，但与国外农业企业研发投入强度相比仍然较低。

3.1.1 我国总体研发投入情况

1. 我国研发经费支出和人员投入呈逐年增长趋势

如图 3 – 1 所示，我国研发经费支出从 2014 年的 13016 亿元增长到 2020 年的 24393 亿元，增长了 11377 亿元，增长率达到 87.4%。2020 年，全国共投入研发经费 24393 亿元，比上年增加 2249 亿元，增长了 10.2%。如表 3 – 1 所示，2017 年我国研发人员突破 400 万人，2014～2017 年研发人员增速较缓慢，2017～2020 年研发人员大量增加，增速超过了前几年的水平。从整体投入情况来看，我国研发投入水平表现出蒸蒸日上的发展态势；从谋发展的角度来说，人们已经意识到科技领先会带来无限的发展空间，掌握核心技术才能推动国家进步。

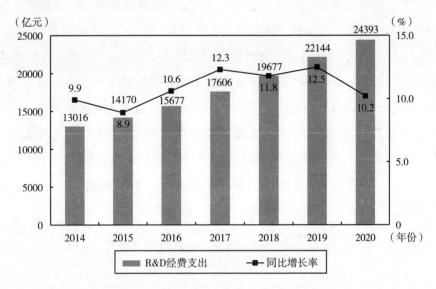

图 3 – 1 2014～2020 年我国研发经费支出情况

资料来源：历年《中国科技统计资料汇编》。

表 3 - 1　　　　　　　　　　2014～2020 年我国研发投入情况

项目	2014 年	2015 年	2016 年	2017 年	2018 年	2019 年	2020 年
R&D 经费支出（亿元）	13016	14170	15677	17606	19677	22144	24393
同比增长率（%）	9.9	8.9	10.6	12.3	11.8	12.5	10.2
R&D 人员（万人）	371.06	375.88	387.81	403.36	438.14	712.93	755.30
R&D 经费投入强度（%）	2.02	2.06	2.1	2.12	2.14	2.24	2.40

资料来源：历年《中国科技统计资料汇编》。

2014～2020 年不同类型下我国研发投入情况如表 3 - 2 所示。R&D 经费可以分为基础研究经费、应用研究经费和试验发展经费。从不同活动类型来看，试验发展经费仍然是我国 R&D 经费的主要支出费用。2014～2020年，基础研究经费、应用研究经费在 R&D 经费中所占的比重平稳上升，试验发展经费在 R&D 经费支出中的占比则有所下降；2020 年，基础研究经费、应用研究经费和试验发展经费所占比重分别为 6.0%、11.3% 和82.7%。R&D 经费的支出主体主要有各类企业、政府属研究机构和高等学校。从不同活动主体来看，各类企业仍然是最主要的 R&D 经费支出主体。2014～2020 年，除政府属研究机构经费支出在 R&D 经费中所占的比重呈下降趋势外，其余两种类型的经费支出占比均呈波动上升趋势；2020 年，各类企业、政府属研究机构和高等学校经费支出所占比重分别为 76.6%、14.0% 和 7.7%。从不同地区来看，东部沿海地区 R&D 经费支出最多。2014～2020 年，除 2015 年 R&D 经费投入超过千亿元的省份仅有 5 个（江苏、广东、山东、北京和浙江）外，其余年份中 R&D 经费投入超过千亿元的省份均有 6 个（广东、江苏、北京、山东、浙江和上海）。

表 3 - 2　　　　　　　2014～2020 年不同类型下我国研发投入情况　　　　单位：亿元

类别		2014 年	2015 年	2016 年	2017 年	2018 年	2019 年	2020 年
活动类型	基础研究经费	613.5	716.1	822.9	975.5	1090.4	1335.6	1467.0
	应用研究经费	1398.5	1528.7	1610.5	1849.2	2190.9	2498.5	2757.2
	试验发展经费	11003.6	11925.1	13243.4	14781.4	16396.7	18309.5	20168.9

续表

	类别	2014 年	2015 年	2016 年	2017 年	2018 年	2019 年	2020 年
活动主体	各类企业	10060.6	10881.3	12144.0	13660.2	15233.7	16921.8	18673.8
	政府属研究机构	1926.2	2136.5	2260.2	2435.7	2691.7	3080.8	3408.8
	高等学校	898.1	998.6	1072.2	1266.0	1457.9	1797.6	1882.5
地区	东部地区	9185.9	9992.3	11062.0	12314.7	13650.0	15122.5	15968.3
	中部地区	2269.7	2446.0	2670.2	3094.7	3537.4	4162.6	4330.2
	西部地区	1560.1	1731.7	1944.3	2196.6	2490.7	2858.5	3212.9

资料来源：历年《中国科技统计资料汇编》。

2. 我国研发经费投入强度不高

如表 3 - 3 所示，2020 年我国 R&D 经费投入强度（与国内生产总值之比）为 2.40%，比上年提高 0.17 个百分点。2014～2020 年，全国 R&D 经费投入强度在 2.05%～2.40%之间波动，且呈上升趋势；R&D 经费投入强度（与地区生产总值之比）超过全国平均水平的省份中位于前六位的省份均一致，分别是北京、上海、天津、广东、江苏、浙江。2020 年，R&D 经费投入超过千亿元的 8 个省份的 R&D 经费支出占全国 R&D 经费支出的比重为 65.7%，其中东部沿海地区占比为 57.3%（其中，广东、江苏两省的 R&D 经费支出占比分别为 14.3%、12.3%）。

表 3 - 3 　　　　　　　　　2014～2020 年我国 R&D 经费投入情况

地区	2014 年		2015 年		2016 年		2017 年		2018 年		2019 年		2020 年	
	R&D 经费（亿元）	R&D 投入强度（%）	R&D 经费（亿元）	R&D 投入强度（%）	R&D 经费（亿元）	R&D 投入强度（%）	R&D 经费（亿元）	R&D 投入强度（%）	R&D 经费（亿元）	R&D 投入强度（%）	R&D 经费（亿元）	R&D 投入强度（%）	R&D 经费（亿元）	R&D 投入强度（%）
全国	13015.6	2.05	14169.9	2.07	15676.7	2.11	17606.1	2.13	19677.9	2.19	22143.6	2.23	24393.1	2.40
北京	1268.8	5.95	1384	6.01	1484.6	5.96	1579.7	5.64	1870.8	6.17	2233.6	6.31	2326.6	6.44
天津	464.7	2.96	510.2	3.08	537.3	3	458.7	2.47	492.4	2.62	463	3.28	485.0	3.44
河北	313.1	1.06	350.9	1.18	383.4	1.2	452	1.33	499.7	1.39	566.7	1.61	634.4	1.75
山西	152.2	1.19	132.5	1.04	132.6	1.03	148.2	0.95	175.8	1.05	191.2	1.12	211.1	1.20
内蒙古	122.1	0.69	136.1	0.76	147.5	0.79	132.3	0.82	129.2	0.75	147.8	0.86	161.1	0.93
辽宁	435.2	1.52	363.4	1.27	372.7	1.69	429.9	1.84	460.1	1.82	508.5	2.04	549.0	2.19

续表

地区	2014 年		2015 年		2016 年		2017 年		2018 年		2019 年		2020 年	
	R&D 经费 (亿元)	R&D 投入强度 (%)	R&D 经费 (亿元)	R&D 投入强度 (%)	R&D 经费 (亿元)	R&D 投入强度 (%)	R&D 经费 (亿元)	R&D 投入强度 (%)	R&D 经费 (亿元)	R&D 投入强度 (%)	R&D 经费 (亿元)	R&D 投入强度 (%)	R&D 经费 (亿元)	R&D 投入强度 (%)
吉林	130.7	0.95	141.4	1.01	139.7	0.94	128	0.86	115	0.76	148.4	1.27	159.5	1.30
黑龙江	161.3	1.07	157.7	1.05	152.5	0.99	146.6	0.92	135	0.83	146.6	1.08	173.2	1.26
上海	862	3.66	936.1	3.73	1049.3	3.82	1205.2	3.93	1359.2	4.16	1524.6	4	1615.7	4.17
江苏	1652.8	2.54	1801.2	2.57	2026.9	2.66	2260.1	2.63	2504.4	2.7	2779.5	2.79	3005.9	2.93
浙江	907.9	2.26	1011.2	2.36	1130.6	2.43	1266.3	2.45	1445.7	2.57	1669.8	2.68	1859.9	2.88
安徽	393.6	1.89	431.8	1.96	475.1	1.97	564.9	2.09	649	2.16	754	2.03	883.3	2.28
福建	355	1.48	392.9	1.51	454.3	1.59	543.1	1.69	642.8	1.8	753.7	1.78	842.4	1.92
江西	153.1	0.97	173.2	1.04	207.3	1.13	255.8	1.28	310.7	1.41	384.3	1.55	430.7	1.68
山东	1304.1	2.19	1427.2	2.27	1566.1	2.34	1753	2.41	1643.3	2.15	1494.7	2.1	1681.9	2.30
河南	400	1.14	435	1.18	494.2	1.23	582.1	1.31	671.5	1.4	793	1.46	901.3	1.64
湖北	510.9	1.87	561.7	1.9	600	1.86	700.6	1.97	822.1	2.09	957.9	2.09	1005.3	2.31
湖南	367.9	1.36	412.7	1.43	468.8	1.5	568.5	1.68	658.3	1.81	787.2	1.98	898.7	2.15
广东	1605.4	2.37	1798.2	2.47	2035.1	2.56	2343.6	2.61	2704.7	2.78	3098.5	2.88	3479.9	3.14
广西	111.9	0.71	105.9	0.63	117.7	0.65	142.2	0.77	144.9	0.71	167.1	0.79	173.2	0.78
海南	16.9	0.48	17	0.46	21.7	0.54	23.1	0.52	26.9	0.56	29.9	0.56	36.6	0.66
重庆	201.9	1.42	247	1.57	302.2	1.72	364.6	1.88	410.2	2.01	469.6	1.99	526.8	2.11
四川	449.3	1.57	502.9	1.67	561.4	1.72	637.8	1.72	737.1	1.81	871	1.87	1055.3	2.17
贵州	55.5	0.6	62.3	0.59	73.4	0.63	95.9	0.71	121.6	0.82	144.7	0.86	161.7	0.91
云南	85.9	0.67	109.4	0.8	132.8	0.89	157.8	0.96	187.3	1.05	220	0.95	246.0	1.00
西藏	2.4	0.26	3.1	0.3	2.2	0.19	2.9	0.22	3.7	0.25	4.3	0.26	4.4	0.23
陕西	366.8	2.07	393.2	2.18	419.6	2.19	460.9	2.1	532.4	2.18	584.6	2.27	632.3	2.42
甘肃	76.9	1.12	82.7	1.22	87	1.27	88.4	1.19	97.1	1.18	110.2	1.26	110.0	1.22
青海	14.3	0.62	11.6	0.48	14	0.6	17.9	0.68	17.3	0.6	20.6	0.69	21.3	0.71
宁夏	23.9	0.87	25.5	0.88	29.9	0.95	38.9	1.13	45.6	1.23	54.5	1.45	59.6	1.52
新疆	49.2	0.53	52	0.56	56.6	0.59	57	0.52	64.3	0.53	64.1	0.47	61.6	0.45

资料来源：历年《中国科技统计资料汇编》。

3.1.2 农业研发投入情况

如表 3-4 所示，2001~2018 年我国农业科技投入总量不断增长，但农业科技投入同比增长率的波动幅度却很大。农业科技投入由 2001 年的

48.00 亿元增至 2018 年的 428.60 亿元。农业科技投入增长率最小的年份是 2003 年,比 2002 年增长 0.49%;2007 年农业科技投入增长率最大,达到 30.05%;此后农业科技投入增长率波动下降,直至 2018 年下降至 5.91%。

表 3 - 4　　　　　　　　2001 ~ 2018 年我国农业科技投入情况

年份	农业科技投入 (亿元)	同比增长率 (%)	农业科技投入占财政 总支出比重(%)	农业科技投入占科技 总投入比重(%)
2001	48.00		0.25	6.83
2002	60.80	26.67	0.28	7.45
2003	61.10	0.49	0.25	6.47
2004	77.60	27.00	0.27	7.09
2005	87.30	12.25	0.26	6.54
2006	101.50	16.27	0.25	6.01
2007	132.00	30.05	0.27	6.18
2008	161.10	22.05	0.26	6.17
2009	187.90	16.64	0.25	5.73
2010	221.50	17.88	0.25	5.28
2011	225.20	1.67	0.21	4.69
2012	257.10	14.17	0.20	4.59
2013	281.10	9.33	0.20	4.54
2014	288.30	2.56	0.19	4.47
2015	332.60	15.37	0.19	4.75
2016	376.00	13.05	0.20	4.84
2017	404.70	7.63	0.19	4.83
2018	428.60	5.91	0.19	4.50

资料来源:历年《全国农业科技统计资料汇编》。

农业科研经费占全国科技财政拨款的比例很大程度上可以反映农业科研投入的相对强度。2001 ~ 2018 年农业科技投入占财政总支出的比重在 0.19% ~ 0.28% 之间波动,波动幅度很小,总体来说农业科技投入占财政总支出的比重仍然较小(见表 3 - 4)。

农业科技投入占科技总投入的比重可以反映农业科研在全国科研系统中的地位。2001 ~ 2018 年农业科技投入占科技总投入占比在 4.47% ~ 7.45% 之间波动,农业科技投入占科技总投入的比重总体呈下降趋势(见表 3 - 4)。

农业科技投入强度一般用农业科技投入占农业总产值的比例来表示，或者说每100元农业总产值中投入农业科技的经费额度。农业科技投入强度可以用来比较不同国家的农业科技投入水平。从图3-2可以看出，2005～2018年我国农业科技投入强度在0.45%～0.70%之间波动，呈波动增长态势。其中，2005～2009年我国农业科技的投入强度由0.45%上升至0.63%；随后2010～2014年均处于波动下降状态，直至2014年农业科技投入强度下降为0.56%，但仍高于2005～2007年的水平；自2015年起，我国农业科技投入强度又呈现稳步上升态势。虽然我国农业科技投入强度在波动增长，但与发达国家相比还有较大差距，仅为发达国家平均水平（2.73%）的1/5强（黄季焜，2003），这反映了我国对农业科技总投资水平不高的现状并未显著改变，农业研发投入与国外发达国家和地区相比并未出现明显改善。

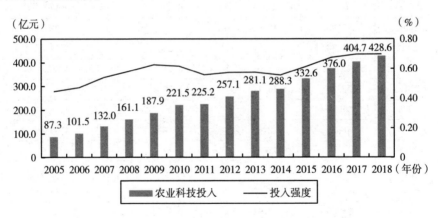

图3-2 2005～2018年我国农业科技投入及投入强度情况

3.1.3 农业龙头企业研发投入情况

本小节所使用的农业龙头企业数据均来自第八次国家级农业龙头企业监测，共有1243家国家级农业龙头企业，2016～2017年共获得2486个年度数据样本。

可以发现，我国农业龙头企业的研发投入存在以下特征：国家级农业龙头企业研发投入占销售收入的比重普遍较低，且远低于国外水平。如表 3 - 5 所示，2016 年我国国家级农业龙头企业研发投入占销售收入的比重为 2.513%，2017 年则骤降为 0.840%，说明我国农业龙头企业 2017 年整体发展态势不好；从年度标准差来看，也呈现下降趋势，可以说明各年度农业企业研发投入强度的波动幅度在缩小；此外，受企业规模等因素的影响，国家龙头企业之间发展的差距明显，各年度的极差范围在逐渐增加。国外农业企业研发投入占销售收入的比重一般在 6%~8% 之间波动，但我国国家级农业龙头企业研发投入占销售收入的比重仅在 1%~2% 之间波动，远小于国外水平。2020 年我国涉农上市企业①研发投入强度为 2.60%，而全行业平均企业研发投入强度为 5.22%，农业企业研发投入强度与其他行业相比依然存在很大差距（中国农业科学院战略研究中心、中国农业科学院农业经济与发展研究所，2021）。

表 3 - 5　　　　2016 ~ 2017 年国家级农业龙头企业研发投入强度

类别		2016 年		2017 年	
		平均值（%）	标准差（%）	平均值（%）	标准差（%）
全国		2.513	5.213	0.840	4.289
分地区	东部	2.581	5.213	0.883	4.289
	中部	2.293	5.658	0.740	4.851
	西部	2.646	6.069	0.882	5.352
分行业	畜牧类	2.154	6.451	0.787	5.807
	粮食类	2.145	6.809	0.609	6.227
	其他类	2.813	7.148	0.956	6.618
分销售规模（亿元）	≤0.8	4.230	7.469	1.706	6.985
	[0.8, 2)	3.806	7.776	1.599	7.332
	[2, 15)	2.500	8.069	0.723	7.661
	[15, 45)	2.060	8.350	0.718	7.974
	≥45	1.630	8.620	0.720	8.274

资料来源：第八次国家级农业产业化重点龙头企业监测数据。

---

① 涉农上市企业有部分属于国家级农业龙头企业，在现有的国家级农业龙头企业中，大约有 200 家涉农上市公司。

从表 3-5 可以看出，不同地区、不同行业以及不同销售规模下国家级农业龙头企业研发投入存在差异。从不同地区^①来看，2016～2017 年东部、西部地区国家级农业龙头企业的研发投入强度高于中部地区。2016 年，东部、中部、西部地区国家级农业龙头企业的研发投入强度分别为 2.581%、2.293%、2.646%，2017 年则分别为 0.883%、0.740%、0.882%，分别下降了 1.698%、1.553%、1.764%；从年度标准差来看，西部地区最大，中部次之，东部最小。由此可以说明，西部地区国家级农业龙头企业研发投入波动幅度最大，研发投入强度下降幅度也最大。

从不同行业来看，其他类国家级农业龙头企业的研发投入强度最大，畜牧类次之，粮食类最小。2016 年畜牧类、粮食类、其他类国家级农业龙头企业的研发投入强度分别为 2.154%、2.145%、2.813%，2017 年则分别为 0.787%、0.609%、0.956%，分别下降了 1.367 个、1.536 个、1.857 个百分点；并且从年度标准差来看，其他类最大，粮食类次之，畜牧类最小。可以看到，年度标准差最大的行业，其国家级农业龙头企业研发投入强度的下降幅度也最大。

从不同销售规模来看^②，国家级农业龙头企业的研发投入强度随着销售规模的扩大而减小。2016 年 1～5 等级国家级农业龙头企业的研发投入强度分别为 4.230%、3.806%、2.500%、2.060%、1.630%，2017 年则分别为 1.706%、1.599%、0.723%、0.718%、0.720%，分别下降了 2.524 个、2.207 个、1.777 个、1.342 个、0.910 个百分点，可以看到，随着国家级农业龙头企业销售收入规模的扩大，其研发投入强度的下降幅度也在缩小；并且从年度标准差来看，随着国家级农业龙头企业销售收入

---

① 东部地区包含北京、天津、河北、辽宁、上海、江苏、浙江、福建、山东、广东、海南；中部地区包含山西、吉林、黑龙江、安徽、江西、河南、湖北、湖南；西部地区包含重庆、四川、贵州、云南、西藏、陕西、甘肃、青海、宁夏、新疆、广西、内蒙古。

② 从不同规模销售收入来看，可以分为五个等级水平：年销售收入小于 8000 万元的农业龙头企业均为 1 等级，年销售收入大于等于 8000 万元且小于 2 亿元的农业龙头企业均为 2 等级，年销售收入大于等于 2 亿元且小于 15 亿元的农业龙头企业均为 3 等级，年销售收入大于等于 15 亿元且小于 45 亿元的农业龙头企业均为 4 等级，年销售收入大于等于 45 亿元的农业龙头企业均为 5 等级。

规模的扩大，其标准差也在扩大，说明规模越大的国家级农业龙头企业研发投入波动幅度越大。

3.2 农业龙头企业的出口情况

3.2.1 农业龙头企业的出口现状

在 1243 家国家级农业龙头企业中，有 1145 家属于生产加工型农业龙头企业，[①] 2016 年出口的国家级农业龙头企业有 419 家，2017 年有 429 家，相较 2016 年增加了 10 家，并且根据地区、行业、企业性质的不同，出口企业数量以及占比均是变化的（见表 3 – 6）。

表 3 – 6　　　　2016 ~ 2017 年国家级农业龙头企业出口情况

类别		企业总数（家）	2016 年		2017 年	
			出口企业数量（家）	占比（%）	出口企业数量（家）	占比（%）
总体		1145	419	36.59	429	37.29
地区	东部地区	458	208	45.41	210	45.85
	中部地区	348	105	30.17	109	31.32
	西部地区	339	106	31.27	110	32.45
行业	粮食类	274	64	23.36	64	23.36
	畜牧类	271	79	29.15	84	31.00
	其他类	600	276	46.00	281	46.83
企业性质	国有 + 集体	156	64	41.03	64	41.03
	民营	940	330	35.11	339	36.06
	港澳台资 + 外资	49	25	51.02	26	53.06

资料来源：第八次国家级农业产业化重点龙头企业监测数据。

---

① 农业农村部对农业龙头企业类型进行了归纳，主要分为生产加工型、市场流通型和批发市场型。其中，生产加工型企业主要是对农产品进行简单加工和深加工的农业企业。

从地区分布来看，出口企业主要集中于东部地区，中部、西部地区出口企业数量相差幅度不大。2016年，东部地区、中部地区、西部地区国家级农业龙头企业出口的企业数量分别是208家、105家、106家，分别占东部地区、中部地区、西部地区国家级农业龙头企业数量的45.41%、30.17%、31.27%；2017年，东部地区、中部地区、西部地区存在出口的企业数量分别是210家、109家、110家，占比分别为45.85%、31.32%、32.45%。可以看出，东部、中部、西部地区出口企业的数量均存在增长，并且西部地区出口企业数量的增长幅度最大，中部地区次之，东部地区最小。

从企业所属行业来看，其他类行业中出口企业数量居多，粮食类龙头企业中出口企业数量稳定不变，畜牧类、其他类龙头企业中出口企业的数量均有不同程度的增长。2016年畜牧类、其他类龙头企业中出口企业数量的占比分别为29.15%、46.00%，2017年则分别为31.00%、46.83%，畜牧类龙头企业中出口企业数量的增长幅度大于其他类企业。

从企业性质来看，民营龙头企业出口是国家级农业龙头企业出口的重要构成。2016年约有330家民营龙头企业出口农产品，占国家级农业龙头企业总数的27%，占民营龙头企业数的35.11%，2017年对应比重稍有提高；尽管国有+集体龙头企业和港澳台资+外资龙头企业出口数量较少，2016年国有+集体龙头企业和港澳台资+外资龙头企业出口数量分别为64家和25家，但分别占相应龙头企业数量的41.03%和51.02%。

3.2.2 农业龙头企业研发投入与企业出口之间的关系

总的来说，国家级农业龙头企业研发投入与企业出口两者之间的关系尚不明确，受多方面因素的影响。如表3-7所示，2016年出口国家级农业龙头企业的研发投入为234.95亿元，未出口国家级农业龙头企业的研发投入为226.01亿元，分别占2016年国家级农业龙头企业研发投入总额的50.97%、49.03%；出口国家级农业龙头企业的研发投入高于未出口国家级农业龙头企业。2017 年出口国家级农业龙头企业研发投入为 64.20 亿元，未出口国家级农业龙头企业的研发投入为 94.91 亿元，分别占 2017 年国家级农业龙头企业研发投入总额的 40.35%、59.65%。相比 2016 年，2017 年国家级农业龙头企业的总研发投入出现了骤降，这可能跟研发投入的周期性有关系。虽然 2017 年出口国家级农业龙头企业研发投入占比要小于未出口国家级农业龙头企业，但是出口国家级农业龙头企业数量也少于未出口国家级农业龙头企业，出口国家级农业龙头企业的研发投入占当年研发投入总额的 40.35%。但是，单就出口国家级农业龙头企业来说，2017 年其数量是增加的，但其研发投入占比却是减小的，因此国家级农业龙头企业研发投入是否是企业出口的关键因素还需要选取其他相关指标进行分析。

表 3 – 7　　　　2016～2017 年国家级农业龙头企业研发投入及占比

类别	2016 年		2017 年	
	投入（亿元）	占比（%）	投入（亿元）	占比（%）
出口企业	234.95	50.97	64.20	40.35
未出口企业	226.01	49.03	94.91	59.65
总计	460.96	100	159.11	100

资料来源：第八次国家级农业产业化重点龙头企业监测数据。

　　如表 3 – 8 所示，从地区分布来看，出口国家级农业龙头企业与未出口国家级农业龙头企业中研发投入最多的均为东部地区。2016 年，东部地区、中部地区、西部地区出口国家级农业龙头企业的研发投入分别为 117.36 亿元、58.61 亿元、58.97 亿元，2017 年则分别为 31.85 亿元、23.80 亿元、8.55 亿元。在东部、西部地区随着出口国家级农业龙头企业数量的增长，其研发投入金额均是下降的，这可能与研发投入资金的使用性质有关；中部地区国家级农业龙头企业数量也在增长，虽然其研发投入金额是下降的，但是其研发投入占比却同比增长了 8.67%。同样地，从 2016 年、2017 年东部地区、中部地区、西部地区未出口国家级农业龙头企业的研发投入也可以看到，其研发投入金额是下降的，但同时其未出口企业数量也是下降的。

表 3-8 　　 **2016～2017 年不同地区、行业及企业性质的国家级**
农业龙头企业研发投入情况 　　　　 单位：亿元

类别		2016 年			2017 年		
		研发投入	出口企业	未出口企业	研发投入	出口企业	未出口企业
地区	东部地区	225.06	117.36	107.70	94.28	31.85	62.43
	中部地区	124.36	58.61	65.75	42.65	23.80	18.85
	西部地区	111.53	58.97	52.56	22.18	8.55	13.63
行业	粮食类	164.81	96.60	68.21	49.93	29.12	20.81
	畜牧类	101.33	42.47	58.86	30.08	14.34	15.74
	其他类	194.82	95.88	98.94	79.10	20.74	58.36
企业性质	国有+集体	74.06	48.25	25.81	33.41	18.64	14.77
	民营	371.43	175.11	196.32	123.45	44.22	79.23
	港澳台资+外资	15.47	11.58	3.89	2.25	1.34	0.91
总计		460.95	234.95	226.00	159.11	64.20	94.91

资料来源：第八次国家级农业产业化重点龙头企业监测数据。

从企业所属行业来看，出口国家级农业龙头企业中粮食类龙头企业研发投入最多，相反，未出口国家级农业龙头企业中其他类龙头企业研发投入最多。2016 年粮食类、畜牧类、其他类出口国家级农业龙头企业的研发投入分别为 96.60 亿元、42.47 亿元、95.88 亿元，2017 年则分别为 29.12亿元、14.34 亿元、20.74 亿元，可以看到，随着出口国家级农业龙头企业数量的增长，其研发投入均是下降的；但是，占比仅 23.36% 的粮食类出口企业拥有的研发投入最多，并且 2017 年畜牧类出口企业的研发投入占比同比增长了 5.76%。2016 年粮食类、畜牧类、其他类未出口国家级农业龙头企业的研发投入分别为 68.21 亿元、58.86 亿元、98.94 亿元，2017 年则分别为 20.81 亿元、15.74 亿元、58.36 亿元，虽然未出口企业中其他类农业龙头企业研发投入最多，但其企业数量也是最多的。

从企业性质来看，民营性质的农业龙头企业不管是出口企业还是未出口企业，其研发投入均最多。2016 年国有+集体、民营、港澳台资+外资性质的出口国家级农业龙头企业的研发投入分别为 48.25 亿元、175.11 亿元、11.58 亿元，2017 年则分别为 18.64 亿元、44.22 亿元、1.34 亿元，可以看到，随着出口国家级农业龙头企业数量的增长，其研发投入均是下降的，并且研发投入占比也是下降的；同样地，从 2016 年、2017 年国有 + 集体、民营、港澳台资 + 外资性质的未出口国家级农业龙头企业的研发投入也可以看到，其研发投入金额也是下降的，但在未出口企业数量下降的同时其研发投入占比均有不同幅度的上升。

3.2.3 农业龙头企业出口与销售收入之间的关系

总的来说，国家级农业龙头企业出口与销售收入呈正相关关系。如表 3 - 9 所示，2016 年出口国家级农业龙头企业总销售收入为 15800.07 亿元，未出口国家级农业龙头企业的总销售收入为 11172.73 亿元，分别占 2016 年总销售收入 26972.80 亿元的 58.58%、41.42%；出口国家级农业龙头企业的销售收入高于未出口国家级农业龙头企业。同样地，2017 年出口国家级农业龙头企业的总销售收入为 17505.01 亿元，未出口国家级农业龙头企业的总销售收入为 12186.19 亿元，分别占 2017 年销售收入总额的 58.96%、41.04%。单就 2016 年度、2017 年度的出口企业来说，随着出口企业数量的增加，其销售收入也是增加的；从出口与未出口国家级农业龙头企业对比的角度来说，出口企业的数量少于未出口企业，但是出口企业的销售收入大于未出口企业。

表 3 - 9 　　　　　2016~2017 年农业龙头企业销售收入占比 　　　总计:%

类别	2016 年	2017 年
出口企业	58.58	58.96
未出口企业	41.42	41.04

资料来源：第八次国家级农业产业化重点龙头企业监测数据。

如表 3 - 10 所示，从地区分布来看，出口与未出口国家级农业龙头企业中销售收入最多的均位于东部地区，中部地区次之，西部地区最少。2016 年东部地区、中部地区、西部地区出口国家级农业龙头企业销售收入

分别为 10040.62 亿元、2997.43 亿元、2762.02 亿元，2017 年则分别为
11056.66 亿元、3308.47 亿元、3139.89 亿元，可以看到，在东部、中部、
西部地区随着出口国家级农业龙头企业数量的增长，其销售收入以及销售
收入占比均是上升的；相反，从 2016 年、2017 年东部地区、中部地区、
西部地区未出口国家级农业龙头企业的销售收入可以看到，随着未出口企
业数量的下降，其销售收入金额是上升的，但其销售收入占比是下降的。

表 3-10　　　　2016~2017 年不同地区、行业及企业性质的国家级
农业龙头企业销售收入情况　　　　　　　　单位：亿元

分类		2016 年			2017 年		
		销售收入	出口企业	未出口企业	销售收入	出口企业	未出口企业
地区	东部	14613.88	10040.62	4573.26	15963.63	11056.66	4906.97
	中部	6948.55	2997.43	3951.12	7666.52	3308.47	4358.05
	西部	5410.36	2762.02	2648.34	6061.05	3139.89	2921.16
行业	粮食类	12052.83	7188.05	4864.78	13271.95	7842.19	5429.76
	畜牧类	7495.58	4763.21	2732.37	8104.52	5174.06	2930.46
	其他类	7424.38	3848.81	3575.57	8314.73	4488.76	3825.97
企业性质	国有+集体	9309.21	7519.92	1789.29	10426.92	8516.82	1910.10
	民营	16074.55	7036.39	9038.16	17555.95	7666.06	9889.89
	港澳台资+外资	1589.04	1243.75	345.29	1708.34	1322.13	386.21
总计		26972.79	15800.07	11172.72	29691.21	17505.01	12186.20

资料来源：第八次国家级农业产业化重点龙头企业监测数据。

从企业所属行业来看，出口与未出口国家级农业龙头企业销售收入最
高的均属于粮食类企业。2016 年粮食类、畜牧类、其他类出口龙头企业的
销售收入分别为 7188.05 亿元、4763.21 亿元、3848.81 亿元，2017 年则
分别为 7842.19 亿元、5174.06 亿元、4488.76 亿元，可以看到，在粮食类
出口龙头企业数量稳定不变的同时，其销售收入是上升的，但其销售收入
占比是下降的，下降了 0.55%；畜牧类、其他类随着出口企业数量的增
长，其销售收入和销售收入占比均是上升的，分别上升了 0.29% 和 2.15%；
相反，从 2016 年、2017 年粮食类、畜牧类、其他类未出口企业的销售收
入可以看到，粮食类未出口企业在数量不变的同时，销售收入以及销售收

入占比均是上升的；畜牧类、其他类未出口企业随着企业数量的下降，其销售收入是上升的，但其销售收入占比是下降的。

从企业性质来看，出口企业中国有+集体性质的国家级农业龙头企业销售收入最高，相反，未出口企业中民营性质的农业龙头企业销售收入最多。2016年国有+集体、民营、港澳台资+外资性质的出口国家级农业龙头企业的销售收入分别为7519.92亿元、7036.39亿元、1243.75亿元，2017年则分别为8516.82亿元、7666.06亿元、1322.13亿元，国有+集体性质的出口企业数量稳定不变的同时，其销售收入和销售收入占比均是上升的，其中销售收入占比上升了0.90%；民营、港澳台资+外资性质的出口企业随着企业数量的增加，其销售收入是上升的，但其销售收入占比是下降的。相反，从2016年、2017年国有+集体、民营、港澳台资+外资性质的未出口企业的销售收入也可以看到，国有+集体性质的未出口企业在数量稳定不变的同时，其销售收入是上升的，但销售收入占比是下降的；民营、港澳台资+外资性质的出口企业随着企业数量的下降，其销售收入和销售收入占比均是上升的，其中销售收入占比分别上升了0.11%、0.88%。

第4章

地理位置对我国农业龙头企业
绩效的影响

不同的地理位置可能意味着不同的资源禀赋，地理位置在一定程度上决定了农业企业的原材料供给和产品需求，位于不同的城市可能对农业龙头企业的发展趋势有影响。农业龙头企业大多位于县域城市，这对于农业龙头企业的发展会产生什么样的影响？本章将地理位置设定为不同的城市类型，验证地理位置对农业龙头企业绩效的影响。

4.1 问题提出

农业产业化龙头企业在促进农业发展、带动农民增收、保障农产品有效供给等方面作用突出，但其自身发展状况令人担忧。2012 ～ 2013 年农业龙头企业监测数据显示，大多数企业净资产报酬率相对较低，不少企业净资产报酬率不足6%，明显低于其他行业，当然，这可能与农业的弱质性和企业所承担的社会责任有关。如何进一步提高农业龙头企业绩效对其自身发展至关重要。学者们对农业龙头企业经营绩效的探讨，多基于企业自身角度，如企业多元化经营与农业龙头企业绩效（刘克春和张明林等，

2011)、农业龙头企业的生产效率测定（王茜和秦富，2009；万伦来和马娇娇等，2010)、企业所有者和管理者经营与农业龙头企业绩效（贾伟和秦富，2013)、政策扶持与农业龙头企业绩效（林万龙和张莉琴，2004)。

不同地区的农业龙头企业绩效差异明显，这种差异不仅与其自身发展有关系，而且与企业所在地理位置有一定关系，地理位置差异意味着不同的资源禀赋。西部地区民营企业间存在发展绩效差异，有三种代表性观点对此进行了解释：观念素质论、优惠政策论、静态自然地理决定论。东部、中部和西部地区自然资源禀赋、运输设施和基础设施的差异，必然对企业绩效产生影响，忽视了地理因素的影响，可能会扩大制度和政策变量在经济增长和发展中的作用（郭熙保和徐淑芳，2005)。地理位置，如是否靠近港口、富饶土地的可获得性、气候条件等，对于经济发展至关重要，它是影响经济绩效的内生变量，直接影响人均收入水平的差异（Diamond，1997；Sachs & Warner，2005)。有学者对地理位置与企业绩效之间的关系进行了探讨。例如，金等（Kim et al.，2012）的研究显示政治地理因素会对公司股票的收益产生影响，位于政治结盟指数（political alignment index，PAI）区域的公司股票收益显著优于位于低区域的公司；格罗珀等（Gropper et al.，2013）研究发现总部位于拥有参众两院委员会主席区域的银行股票收益要优于其他区域，地理因素及其内涵的信息优势、政治资源、社会关系和商务环境等将会影响到企业行为，进而影响到公司的投资行为、治理结构和发展绩效；孙早和刘庆岩（2004）认为源于自然地理差异的人口压力、国家战略对民营企业构成的约束呈现出明显的差异性，民营企业发展绩效是内生于人地矛盾和国家发展战略变化的；蔡庆丰和江逸舟（2013）认为投资者更偏好地缘较近的上市公司，这也使位于人口和机构密集的中心城市的上市公司更有压力去迎合投资者的收益要求，从而更多地发放现金股利，地理因素因机构投资者密度融资渠道和再融资监管政策对公司现金红利政策起着完全相反的作用；宋海英和刘荣茂（2007）研究表明地理位置对中国农村中小企业发展具有重要的影响，地理位置与经济基础共同决定中小企业发展的差距，东部沿海地区能凭借优越的地理条件降低运输成本、获得外商的投资、享受国家的优惠政策等。

上述研究显示地理位置对企业发展绩效的影响较为明显，但缺少对农业企业的分析，可能的原因在于缺少农业龙头企业的生产、经营及相关数据。地理位置不同意味着企业所在地区和城市的自然资源禀赋、人口数量、经济发展水平、基础设施等方面存在差异，这也必然影响到农业企业的绩效，地理位置的差异对各地区农业龙头企业绩效产生什么样的影响？这是本章需要探讨的问题。

本章借助于 2012～2013 年生产加工型农业龙头企业监测数据，构建了多元回归模型，着重分析地理位置对不同企业性质的农业龙头企业绩效的影响，地理位置的差异主要通过企业所在地区和所在城市的不同加以体现。

4.2 研究方法与数据来源

4.2.1 研究方法

市场力量的不均衡发展使得各地区地理和自然条件的差异转化为区域经济发展和收入的差异。各地区、各城市经济发展水平、市场规模、市场潜力等方面存在不同，使得处于不同地理位置的企业绩效有差异；如果一个企业的总部处于某中心城市，该企业则被认为地处中心（Louhran & Schultz，2005），地处中心城市与非中心城市对企业自身发展存在差异。

不同学者对地理位置的定义和描述给予了不同的解释。例如，蔡庆丰和江逸舟（2013）选用中国经济社会发展中心 2010 年对中国城市经济竞争力的排名资料，主要选取前 20 个城市作为地理位置的主要衡量指标；康华等（2013）将企业的工商注册地所在省份作为其地理位置，并根据樊纲等所测度的《中国市场化指数》中各省份得分确定各企业的基本得分；宋海英和刘荣茂（2007）则把地理位置的差异解释为不同地区的差异，分为东部、中部和西部地区，采用虚拟变量辨别。

本章采用企业所在地区和所在城市是否为省会城市作为衡量地理位置的指标。企业所在地区，指农业龙头企业所在省份位于哪个地区，包括东部、中部、西部地区，地区差异可能导致企业所面临的资源禀赋和消费能力存在差异，整体来看，东部地区农产品消费水平高于中部和西部地区，但中部和西部地区的农业资源禀赋与东部地区基本持平。企业所在城市，指企业是否位于省会城市[1]，省会城市为各省份经济、政治和文化中心，在经济规模、市场潜力、基础设施、交通设施等方面条件会优于其他地市；省会城市和非省会城市在农产品原料供给和产品消费等方面存在差异，非省会城市农业资源禀赋高于省会城市，但省会城市对农产品的消费能力高于非省会城市，因而，企业所处的地理位置势必影响到农业龙头企业绩效。相关变量选取和设置如下。

（1）企业绩效。企业绩效表示企业发展水平，其衡量指标较多，不仅包括绝对值指标，如企业销售收入和企业利润总额，而且包括相对指标，如净资产利润率和资金周转周期等。本章主要选用企业销售收入作为企业绩效的衡量指标，企业销售收入能够直接影响企业绩效的大小，且便于各企业进行比较。本章还选用了净资产利润率作为验证性指标。

（2）企业投入相关变量。企业投入的相关要素较多，本章主要选择资产总额、劳动力人数、研发投入、促销及其他广告投入作为衡量企业投入对农业龙头企业绩效影响的重要变量。一般来说，伴随着自身投入的不断增加，企业的销售收入也不断增加。

（3）企业性质。农业龙头企业性质主要包括国有、集体、外资、港澳台资、民营。民营企业数量占农业龙头企业的比重相对较高，约80%，外资和港澳台资同属于外资，集体和国有归并为国有，因而，本章包含的企业性质主要包括国有、民营和外资。

（4）企业上市。企业是否上市会对企业绩效产生影响。胡吉祥等（2011）研究发现公开上市企业的绩效在上市之前就相对良好，在控制了

---

[1]　省会城市不仅包括各省份的省会城市，还包括大连、青岛、宁波、厦门、深圳等。

这种差别及其他的影响因素后，上市提高了国有企业的销售利润率、净利润水平、人均销售额和利润额。因而，农业龙头企业上市会增加外界对其了解程度，使得农业龙头企业容易从股票市场上获取资金，从而间接增加企业投入，提高企业绩效。

（5）各省份地区生产总值。各省份地区生产总值对农业龙头企业绩效的影响主要通过两个方面加以反映：一是各省份地区生产总值增加，必然使得该省份加大对农业龙头企业的扶持力度，各省份可能会增加对企业的政策扶持，同时也会增加对企业的财政资金扶持；二是各省份附加值增加，意味该省份对农产品的购买能力增强，势必会加大对农业加工品的消费，这样也能提高农业龙头企业绩效。

（6）地理位置。正如前文阐述的那样，不同的地理位置必然会对企业绩效产生影响。企业地理位置主要通过以下三个变量进行反映：一是企业所在地区，企业在东部地区赋值为1，在其他地区赋值为0；二是企业所在城市，企业所在城市为省会城市赋值为1，在非省会城市赋值为0；三是企业所在地区和企业所在城市的交互项，该变量赋值由两个变量的交互项自动生成。

鉴于以上分析，参照刘克春等（2011）以及贾伟和秦富（2013）等的研究，构建以下多元回归方程：

$$\ln y_{it} = c_{it} + \alpha_1 \ln x_{1it} + \alpha_2 \ln x_{2it} + \alpha_3 \ln x_{3it} + \alpha_4 \ln x_{4it} + \alpha_5 \ln x_{5it} + \alpha_6 x_{6it}$$
$$+ \alpha_7 x_{7it} + \alpha_8 x_{8it} + \alpha_{9j} \sum_{j=1,2,3} x_{9jit} + \alpha_{10j} \sum_{j=1,2,3} x_{8it} \times x_{9jit} + \alpha_{11} x_{7it} \times x_{9it} + \varepsilon_{it}$$

$$(4-1)$$

其中，$\ln y_{it}$为被解释变量，采用企业销售收入额表示，i、t分别表示省份、年份；解释变量包括资产总额取对数$\ln x_{1it}$、劳动力人数取对数$\ln x_{2it}$、研究投入取对数$\ln x_{3it}$、广告促销及广告投入取对数$\ln x_{4it}$、省份地区生产总值取对数$\ln x_{5it}$、企业是否上市x_{6it}、企业性质x_{7it}、企业所在城市是否为省会城市x_{8it}、企业所在地区x_{9jit}（x_{91it}、x_{92it}、x_{93it}分别表示企业所在地为东部、中部和西部地区），$x_{8it} \times x_{9jit}$、$x_{7it} \times x_{8it}$分别为对应各解释变量形成的交互项，ε_{it}表示误差项，$\alpha_1 \sim \alpha_9$为对应各解释变量的系数。

回归方程（4-1）从变量的绝对值考虑解释变量与被解释变量的内在联系性；回归方程（4-2）则从上述对应变量增长的角度考虑了其中各变量之间的关系。

$$y'_{it} = c'_{it} + \alpha'_1 x'_{1it} + \alpha'_2 x'_{2it} + \alpha'_3 x'_{3it} + \alpha'_4 x'_{4it} + \alpha'_5 x_{5it} + \alpha'_6 x_{6it} + \alpha'_7 x_{7it}$$
$$+ \alpha'_8 x_{8it} + \alpha'_{9j} \sum_{j=1,2,3} x_{9jit} + \alpha'_{10j} \sum_{j=1,2,3} x_{8it} \times x_{9jit} + \alpha'_{11} x_{7it} x_{9it} + \varepsilon'_{it}$$

$$(4-2)$$

回归方程（4-2）表示农业龙头企业销售收入增长。其中，y'_{it}、x'_{1it}、x'_{2it}、x'_{4it}、x'_{5it} 和 x'_{6it} 分别表示销售收入增长 $\ln \frac{y_{it}}{y_{it-1}}$、资产总额增长 $\ln \frac{x_{1it}}{x_{1it-1}}$、劳动力人数增长 $\ln \frac{x_{2it}}{x_{2it-1}}$、研发投入增长 $\ln \frac{x_{3it}}{x_{3it-1}}$、促销及广告投入增长 $\ln \frac{x_{4it}}{x_{4it-1}}$ 和省份地区生产总值增长 $\ln \frac{x_{5it}}{x_{5it-1}}$，$\varepsilon'_{it}$ 为误差项，其他变量含义与回归方程（4-1）相同，$\alpha'_1 \sim \alpha'_{11}$ 为对应各解释变量的系数。

4.2.2 数据来源

本章所使用的数据来自2012~2013年农业部农业产业化办公室对国家级农业龙头企业的监测。所选择的农业企业类型均为生产加工型，共1161家企业，主要包括2012年和2013年企业经营及其他相关数据。从地区来看，东部、中部和西部地区国家级农业龙头企业数量分别为420家、394家和347家，分别占调研国家级农业龙头企业总数的36.18%、33.94%和29.88%；从企业性质来看，包括民营企业939家，占调研国家级农业龙头企业总数的81%，其他类型（国有、合资、集体）的国家级农业龙头企业数量相对较少；从企业所在城市是否为省会城市来看，企业所在城市为省会城市的国家级农业龙头企业有354家，其中东部、中部、西部地区分别有155家、69家、260家。对相关变量取对数，个别企业变量数据缺失、删除具有异常值的样本，最终回归方程（4-1）使用的有效样本量为2040

个，回归方程（4-2）使用的有效样本量为 1015 个。各变量统计性描述如
表 4-1 所示。

表 4-1　　　　　　　　　　　　各变量统计性描述

变量		变量定义及赋值	均值	标准差	最大值	最小值
被解释变量	$\ln y_{it}$	当年企业销售收入额（万元）取对数	11.13	1.23	6.24	17.96
解释变量	$\ln x_{1it}$	企业资产总额（万元）取对数	11.03	1.19	8.53	18.44
	$\ln x_{2it}$	企业劳动力人数（人）取对数	6.95	1.19	3.04	11.70
	$\ln x_{3it}$	企业研发投入（万元）取对数	6.43	1.66	1.16	12.40
	$\ln x_{4it}$	企业促销及其他广告投入（万元）取对数	5.71	1.88	0.00	12.88
	$\ln x_{5it}$	企业所在省份 GDP（亿元）取对数	9.85	0.77	6.55	11.04
	x_{6it}	企业上市（企业上市=1，否则=0）	0.10	0.30	0.00	1.00
	x_{7it}	企业性质（国有=1，民营=2，外资=3）	1.91	0.43	1.00	3.00
	x_{8it}	企业所在城市（企业所在城市为省会城市=1，否则=0）	0.30	0.46	0.00	1.00
	x_{91it}	企业所在地区为东部=1，否则=0	0.36	0.48	0.00	1.00
	x_{92it}	企业所在地区为中部=1，否则=0	0.34	0.47	0.00	1.00
	x_{93it}	企业所在地区为西部=1，否则=0	0.30	0.46	0.00	1.00
	y'_{it}	2013 年企业销售收入与 2012 年的比值	0.09	0.19	-1.08	1.10
	x'_{1it}	2013 年企业资产总额与 2012 年的比值	0.12	0.18	-1.54	0.90
	x'_{2it}	2013 年企业劳动力人数与 2012 年的比值	0.04	0.13	-0.99	1.17
	x'_{3it}	2013 年企业研发投入与 2012 年的比值	0.14	0.33	-2.06	2.80
	x'_{4it}	2013 年企业促销及其广告投入与 2012 年的比值	0.17	0.47	-5.53	3.43
	x'_{5it}	2013 年企业所在省份地区生产总值与 2012 年的比值	0.08	0.13	-1.09	1.08

资料来源：根据 Stata12.0 软件整理而得。

4.3　实证结果分析与讨论

4.3.1　基于对企业绩效影响的分析

从模型的整体回归效果来看，回归方程的整体拟合度较高，对模型具

有较高的解释力。地理位置对农业龙头企业绩效的影响不仅通过企业所在地区和所在城市，而且通过所在地区和所在城市的交互项以及企业性质和企业所在城市的交互项等反映地理位置对农业龙头企业销售收入的影响，回归结果如表4-2所示。

表4-2 地理位置对农业龙头企业绩效的影响

变量	总体		国有		民营		外资	
	系数	t值	系数	t值	系数	t值	系数	t值
$\ln x_{1it}$	0.70***	40.27	0.65***	12.40	0.71***	36.79	0.59***	8.16
$\ln x_{2it}$	0.14***	8.28	0.21***	4.42	0.11***	5.83	0.30***	4.44
$\ln x_{3it}$	0.06***	5.07	-0.00	-0.08	0.08***	5.89	0.02	0.45
$\ln x_{4it}$	0.04***	4.65	0.05**	2.26	0.03***	3.19	0.12***	3.36
$\ln x_{5it}$	0.18***	7.65	0.27***	3.92	0.18***	6.84	0.02	0.11
x_{6it}	-0.39***	-7.81	-0.25**	-2.45	-0.51***	-8.19	-0.02	-0.14
x_{7it}	0.03	0.67	—	—	—	—	—	—
x_{8it}	0.22**	1.65	0.23*	1.59	—	—	—	—
参照组（西部地区）								
x_{91it}	0.12**	2.39	-0.12	-0.59	0.14**	2.61	0.67*	1.60
x_{92it}	0.36***	8.39	0.33*	2.07	0.36***	7.87	0.88*	2.11
$x_{91it} \times x_{8it}$	-0.12*	-1.72	0.03	0.15	-0.16*	-2.03	0.03	0.07
$x_{92it} \times x_{8it}$	-0.16*	-1.95	-0.36*	-1.60	-0.12	-1.32	-0.00	-0.01
$x_{7it} \times x_{8it}$	-0.07	-1.09	—	—	0.03	1.06	0.01	0.08
常数项	-0.14	-0.53	-0.58	-0.79	0.00	-0.01	0.82	0.61
样本量	2040		270		1675		95	
R^2	0.758		0.812		0.737		0.878	

注：*、**、***分别表示在10%、5%、1%的水平上显著。

资料来源：根据Stata12.0软件整理而得。

（1）企业所在城市的影响。企业所在城市对农业龙头企业绩效具有正向影响，且通过显著性水平检验；相比企业所在城市为非省会城市而言，企业所在城市为省会城市的农业龙头企业绩效比非省会城市高24.61%；对于国有农业龙头企业而言，企业所在城市使得国有农业龙头企业绩效上升25.86%；企业所在城市对民营和外资农业企业绩效的影响并不明显。

（2）企业所在地区的影响。企业所在地区对农业龙头企业绩效的影响依然显著，地理位置的差异造成了不同地区不同类型农业龙头企业绩效存在差异。数据显示，除东部地区国有农业龙头企业外，企业所在地区均使得东部、中部地区农业龙头企业绩效高于西部地区；企业所在地区对中部和西部农业龙头企业绩效的影响比对东部地区农业龙头企业绩效的影响更大；从不同企业性质来看，企业所在地区对外资农业龙头企业绩效的影响大于对民营和国有农业龙头企业绩效的影响（见表4-3）。

表4-3　　　　　所在地区对不同类型农业龙头企业绩效的影响　　　　单位:%

地区	总体	国有	民营	外资
东部地区	12.75	—	15.03	95.42
中部地区	43.33	39.10	45.33	141.09

（3）企业所在地区和企业所在城市形成的交互项的影响。企业所在地区和企业所在城市对农业龙头企业绩效的影响为正，且使得东部地区、中部地区农业龙头企业绩效更高，但是东部和中部地区与企业所在城市形成的交互项削弱了企业所在地区对农业龙头企业绩效的影响，也就是说，位于东部和中部地区省会城市对农业龙头企业绩效的总体影响比位于东部和中部地区对农业龙头企业绩效的总体影响低。例如，东部省会城市削弱了东部地区对农业龙头企业绩效的影响，使农业龙头企业绩效下降11.31%、民营农业龙头企业绩效下降14.49%；中部省会城市使得农业龙头企业绩效下降14.79%；中部省会城市对国有、民营农业龙头企业绩效的影响为负，对外资农业龙头企业绩效的影响并不明显。

（4）省份地区生产总值的增加将促进农业龙头企业绩效的增加。省份地区生产总值对不同类型的农业龙头企业绩效的影响不同，对国有农业龙头企业绩效的影响大于对民营农业龙头企业绩效的影响，对外资农业龙头企业绩效的影响并不明显。地方经济发展可能从以下两个角度对农业龙头企业绩效具有一定的带动作用。一是财政扶持力度的差异。东部地区对农业龙头企业的扶持资金大于中部、西部地区；农业龙头企业自身发展与政策和资金扶持密切相关，中央政府对农业龙头企业的政策和资金扶持基本一致，不同省份的农业龙头企业享受的政策或资金扶持差异多来自地方政府。二是各地区经济增长水平的差异也暗示着消费能力的差异，东部地区的消费能力和水平明显高于中部、西部地区。从回归结果也可以看出，政府扶持可能更加倾向于企业规模较大或者实力较强的企业。

上述结果显示，地理位置对农业龙头企业绩效的影响明显，且对不同地区和不同城市间农业企业绩效差异造成了影响。可能的原因在于：一是各地区经济增长存在差异。我国东部、中部、西部地区经济增长和区域差异明显，这可能导致各地区消费者购买力水平存在差异，东部地区消费者收入较高，人口多，购买能力强，促进了消费者对农产品需求能力的提高，使得东部地区农业龙头企业绩效高于其他地区。二是各地区交通设施差异。东部地区拥有发达的交通运输设施，有效地促进了省内、省际间农产品贸易，增加了本地区与其他地区农产品流通。三是地理位置的便利性使得各地区出口存在差异。东部地区不少省份靠近海岸线，且东部省份离主要港口（我国港口均位于东部地区）的距离较近，海运成本与陆运成本相比，前者仅为后者的1/5，东部地区相对于中部和西部地区而言，其出口更有优势。四是消费偏好难以改变。农产品加工不管是简单加工还是深加工均难以改变农产品本身属性，消费者了解和熟悉本地区生产的农产品，因而更加倾向于消费本地区的农产品。五是尽管东部地区经济发达，但其省会城市和非省会城市经济增长水平差异不大。然而，东部和中部省会城市相对于其他非省会城市农业产值较低，农产品生产加工需要从其他城市购买（调运）原材料，再加上东部和中部省会城市工资相对较高，这势必加大农产品生产加工成本，提高农业加工品价格，这也可能会导致农业企业市场竞争能力下降。

与此同时，本章还分析了企业相关投入要素对农业龙头企业绩效的影响，结果显示，与企业投入相关的要素如资产总额、劳动力人数、研发投入、促销及其他广告投入等因素促进了农业龙头企业绩效的增加，资产增加对于企业绩效的影响高于企业要素；农业龙头企业要想使自身绩效增加，需要不断加大自身投入，尤其是资产总额投入。对农业龙头企业而言，企业上市对其绩效的影响却为负。农业企业上市后，能够使企业规模扩大，但不得不面临的一个问题是企业非农化经营。数据显示，农业上市公司的非农化经营比重明显高于一般的农业企业，企业上市未必能够促进农业龙头企业绩效的增长。

4.3.2　基于对企业绩效增长的分析

前文主要探讨了地理位置对农业龙头企业绩效的影响。农业龙头企业绩效仅通过企业销售收入这一绝对值加以反映，地理位置对农业龙头企业绩效增长（相对值）影响的回归结果如表4 - 4所示。

表4 - 4　　　　　　地理位置对农业龙头企业绩效增长的影响

变量	总体		国有		民营		外资	
	系数	t 值	系数	t 值	系数	t 值	系数	t 值
x'_{1it}	0.30 ***	9.65	0.38 ***	3.04	0.27 ***	8.83	0.46 *	1.71
x'_{2it}	0.29 ***	6.92	0.20 *	1.82	0.35 ***	7.38	0.19	0.52
x'_{3it}	0.01	1.04	- 0.06	- 1.24	0.01	1.38	0.17 *	1.97
x'_{4it}	0.01 ***	2.81	0.02	0.28	0.01 ***	2.70	0.01	0.58
x'_{5it}	0.00	0.11	0.11	0.85	- 0.03	- 0.62	0.02	0.04
x_{6it}	0.01	0.57	0.06	0.94	0.25		- 0.03	- 0.42
x_{7it}	0.02	0.99	—	—	—	—	—	—
x_{8it}	0.17 ***	2.79	0.16 *	1.79				
参照组（西部地区）								
东部地区	- 0.00	- 0.06	0.01	0.09	- 0.00	- 0.10	0.50 *	1.96
中部地区	0.00	0.27	- 0.01	- 0.06	0.01	0.39	0.44 *	1.72
东部×x_{8it}	- 0.05 *	- 1.73	- 0.13	- 1.09	- 0.04	- 1.27	- 0.37	- 1.26
中部×x_{8it}	- 0.02	- 0.49	0.00	- 0.03	- 0.02	- 0.43	- 0.41	- 1.31
$x_{7it} × x_{8it}$	- 0.07 *	- 2.43	—	—	0.01	0.51	0.13	1.48
常数项	0.39 ***	4.76	0.34	1.54	0.45 ***	5.78	- 0.34	- 0.52
样本量	1015		134		834		47	
R^2	0.195		0.198		0.212		0.373	

注：*、**、***分别表示在10%、5%、1%的水平上显著。

资料来源：根据Stata12.0软件整理而得。

从表4-4可以看出，农业龙头企业绩效的增长仍然依赖于企业投入的不断增加，其中资产总额增加、劳动力人数增加、促销及其他广告投入增加对其绩效增长影响为正，且资产总额增加对其绩效增长的影响最大。

总的来看，地理位置对农业龙头企业绩效增长的影响较为明显。企业所在城市对农业龙头企业绩效增长的影响为正，也就是说企业位于省会城市更有利于企业绩效增长，然而，东部省会城市农业龙头企业绩效增长可能低于中部和西部地区省会城市；对于外资企业来说，位于东部、中部地区更加有利于促进其绩效增长，是否位于省会城市对企业绩效增长却没有影响；地理位置对其他地区其他类型的农业龙头企业绩效的影响并不明显。由此说明，伴随企业规模的不断扩大，企业所在地区对企业绩效增长的影响并不明显，企业所在城市对企业绩效增长的影响依然显著。

为了验证结果的稳健性，本章采用了两种方式进行验证：一是采用固定效应模型，其结果显示，各解释变量对被解释变量的影响方向并没有发生变化，仅系数数值发生微弱变化；二是采用相应的替代变量，采用净资产收益率替代企业销售收入，其结论与此基本相同。[①]

4.4 结论与政策启示

本章通过构建多元回归模型，利用农业产业化龙头企业数据，就地理位置对农业龙头企业绩效的影响进行了分析。研究结论如下：尽管不同地区不同类型的农业龙头企业绩效存在差异，这与企业自身投入，如资产总额、劳动力人数、研发投入和促销及其他投入有关，其中资产总额对企业绩效的影响较大，但不能忽视地理位置对农业龙头企业绩效的影响。企业地理位置的不同，暗示企业所在地区的自然资源禀赋、市场规模、消费潜力和经济发展水平存在差异。总体来看，地理位置对农业龙头企业绩效的

---

① 相应结果和表格较多，不在这里展示。

影响显著。

（1）企业所在地区对农业龙头企业绩效的影响显著。由于企业所在地区的差异，位于东部和中部地区的农业龙头企业绩效高于其他地区，但是东部地区与中部地区和企业所在城市所形成的交互项降低了这一影响，东部和中部地区非省会城市对农业龙头企业绩效的影响大于省会城市。

（2）企业所在城市对农业龙头企业绩效的影响具有促进作用。由于企业所在城市的差异，省会城市的农业龙头企业绩效高于非省会城市，但东部和西部地区与之相反，由此推断，西部地区省会城市对农业龙头企业绩效的影响大于非省会城市。

（3）从企业性质来看，除东部地区国有农业龙头企业外，企业所在地区对各类型农业龙头企业绩效的影响显著；企业所在地区对中部和西部地区农业龙头企业绩效的影响大于对东部地区农业龙头企业绩效的影响；企业所在地区对外资农业龙头企业绩效的影响大于对民营和国有农业龙头企业的影响。

（4）从对农业龙头企业绩效增长的影响来看，企业所在城市对其绩效增长的影响为正，但东部地区省会城市对其绩效增长的影响为负，位于东部和中部地区更加有利于促进外资农业龙头企业绩效增长。

第5章

研发投入对我国农业企业出口的影响[*]

根据异质性企业贸易理论，研发投入能够促进企业创新能力提升，进而提高企业出口绩效，但就研发投入如何影响农业企业出口鲜有分析。农业企业研发投入强度低，但农业企业出口占农产品销售收入的比重高，那么，研发投入如何促进农业企业出口是本章关注的重要问题。本章借助 Heckman 两阶段模型，主要从以下两个方面就此问题进行探讨：一是研发投入如何影响农业企业出口决策；二是研发投入如何影响农业企业出口。

⑤.1 问题提出

21 世纪以来，我国农产品贸易额和出口额分别由 2001 年的 279.4 亿美元和 160.9 亿美元增长到 2014 年的 1945.0 亿美元和 719.6 亿美元，年均增长速度分别为 16.10% 和 12.21%，农产品贸易逆差趋势更加明显。农

---

* 本章核心内容已发表于《国际经贸探索》2015 年第 10 期。

业企业逐步成为我国农产品出口的主体，据不完全统计，2013 年农业企业出口额占我国农产品出口总额的 80% 左右，1161 家生产加工型国家农业产业化龙头企业出口占农产品出口额的 22.39%。农业企业为我国农产品贸易发展作出了重要贡献。诸多因素均影响企业出口，赵忠秀和吕智（2009）对影响企业出口因素的相关文献进行了述评，认为生产效率、宏观经济政策等因素均影响企业出口，研发与创新也是影响企业出口的主要因素。研究与创新能力提升能够使企业生产出质量更高、性能更好、成本更低的产品，提高企业产品在国际市场上的竞争能力（Mowery & Oxley, 1995）。研究与创新能力影响企业的技术竞争力，对其出口绩效产生影响，中国企业虽然可以通过技术溢出、技术引进和直接的技术购买获得国外的先进技术，但提高企业自身创新能力最根本的因素之一是研究开发费用的支出，即研发投入（Grossman & Helpman, 1995）。研发具有两大功能：一是直接发明创新；二是提高企业的吸收能力（Cohen & Levinthal, 1989）。

诸多文献就研发投入对企业出口的影响进行了探讨。例如，鲍德温和顾（Baldwin & Gu, 2004）发现企业进入出口市场后，研发投入比重相对于未出口企业明显提高。戴觅和余淼杰（2012）分析了企业出口前研发投入、出口及生产率之间的内在联系性，出口能够提升企业的生产效率，出口的生产率效应随着企业从事出口前研发年数的增加而逐步提高。汤二子和孙振（2012）认为研发投入提升了企业的生产效率，进而提高了企业出口概率及出口量，生产效率是企业研发对出口贸易的中介作用机制。刘海云和田敏（2013）对不同类型企业的研发投入转化为出口竞争力的效率差异进行了分析，结果证实，内资企业高于私营企业和国营企业。盛丹等（2011）认为研发投入对企业出口行为的影响存在明显的所有制差异，研发投入能够促进外资企业的出口决策和出口数量，对内资企业的作用恰恰相反。张杰等（2008）、刘志彪和张杰（2009）借鉴江苏省企业调研数据，证实了企业出口对研发创新的正向关系，研发创新对企业出口并没有明显的影响。

尽管现有文献对研发投入与企业出口的关系进行了探讨，大多数研究基于机械制造业等工业部门微观数据，且基本得到了一致性结论，即研发投入促进企业出口，但现有文献缺乏关于研发投入与农业企业出口关系的研究，这可能与农业企业出口等相关数据较难获取有一定关系。农业企业出口成为我国农产品贸易的主体，研发投入和产品出口两者占农业企业销售收入的比重并不协调。企业研发投入占销售收入的比重不足1%，甚至一些农业企业没有研发投入，多数农业企业缺乏核心竞争力。尽管最近几年来，农业研发投入连续增加，但其占销售收入的比重仍然较低，与国外知名农业企业相比存在明显的差距（胡军华和郜思，2012）。研发投入对我国农业企业出口决策产生怎样的影响，增加研发投入是否一定能够促进我国农业企业出口，这是本章所要探讨的问题。

本章借助 1161 家生产加工型国家级农业龙头企业出口数据，利用 Heckman 两阶段模型就研发投入对农业企业出口的影响进行分析。

5.2 研究方法与数据来源

研发投入如何影响农业企业出口呢？主要可归结为以下两个方面。（1）最主要的是生产率的提高往往与企业的研发活动密不可分——这是被经验和理论证实的一个基本事实。基于这一点，企业出口前可通过研发提高生产率，只有较高的生产率才能弥补进入出口市场的沉没成本，因此研发是企业选择出口的一个决定性因素。（2）对于已经出口的企业来说，研发往往是企业出口学习机制中的重要一环。进入出口市场使得企业能够接触更广泛的资源（顾客、供应商、同行业竞争者、研究机构、专家等），这为企业提高生产效率、开展研发活动提供了便利条件，因此出口有助于企业降低研发成本。显然，由于研发活动的回报是可观的，出口企业会倾向于投入更多的研发，进而加强出口学习表现。上述研发投入与出口相互作用的两方面共同决定了企业的利润最大化。

5.2.1 研究方法

农业企业作为主体，并非所有企业均愿意出口，只有那些愿意支付相关成本且预期能够获取净利润的企业才可能出口（Clerkides，1998）。参照伯纳德和詹森（Bernard & Jensen，1999）的理论模型，对模型进行适当的扩展，可得：

$$\prod_{it}(X_{it},Z_{it}) = P_t \times q_{it}^* - C_{it}(X_{it},Z_{it}/q_{it}^*) \qquad (5-1)$$

其中，$\prod_{it}(X_{it},Z_{it})$ 代表企业 i 出口预期获得的利润，$P_t \times q_{it}^*$ 代表企业 i 出口所获得的收入，P_t 和 q_{it}^* 分别表示企业 i 出口产品价格和出口额，$C_{it}(X_{it},Z_{it}/q_{it}^*)$ 表示企业 i 出口的相关成本，X_{it} 表示与企业 i 自身生产经营相关的影响变量所形成的向量，Z_{it} 表示与位置有关的变量所形成的向量。企业 i 若想出口产品获得预期利润 $\prod_{it}(X_{it},Z_{it}) > 0$，需考虑两个阶段：一是企业作出出口决策；二是企业如何更好地提高出口额。

本章根据上述理论，采用 Heckman 两阶段模型，就研发投入对农业企业出口的影响进行分析，分为两个步骤：第一步，分析研发投入对企业出口与否产生怎样的影响，即研发投入的提高能否促使企业作出出口的决策；第二步，分析研发投入对企业产品出口额产生怎样的影响，即研发投入的增加能否影响已出口企业的出口额。

第一步，采用 Probit 模型：

$$P(exp_i = 1) = \Phi\left(\alpha_1 \times \ln rea_i + \sum_{j=2}\alpha_j x_{ij}\right) + \sum_{w=6}\alpha_w x_{iw} \qquad (5-2)$$
$$j = 2,3,4,5, \quad w = 6,7,8$$

其中，如果企业出口量大于 0，则 $exp_i = 1$，如果企业出口额等于 0（企业未出口），则 $exp_i = 0$；$P(exp_i = 1)$ 表示企业 i 出口与否的概率；$\Phi(\cdot)$ 表示标准正态分布的概率分布函数；exp_i 表示企业 i 出口与否；rea_i 表示企业 i 研发投入；x_{ij} 表示影响企业 i 生产经营的相关因素；x_{iw} 表示影响企业 i 出口的位置变量；α_i、α_j、α_w 分别表示各解释变量的回归系数。

第二步，借助 Heckman 模型，修正企业出口数量模型，与普通最小二乘法不同的是，式（5-3）中加入了 λ_i，克服了样本的选择性偏差。

$$\lambda_i = \frac{\varphi(\alpha_1 \times \ln rea_i + \sum_{j=2} \alpha_j x_{ij} + \sum_{w=6} \alpha_w x_{iw})}{\Phi(\alpha_1 \times \ln rea_i + \sum_{j=2} \alpha_j x_{ij} + \sum_{w=6} \alpha_w x_{iw})} \qquad (5-3)$$

其中，$\varphi(\cdot)$ 为标准正态分布的概率密度函数。如果 λ_i 的系数值显著，则认为样本存在选择性偏误；如果 λ_i 的系数值不显著，则不认为存在选择性偏误，可以采用普通最小二乘法进行回归。将 λ_i 作为新的变量代入新的回归方程，形成式（5-4）：

$$\ln export_i = \beta_0 + \beta_1 \ln rea_i + \sum_{j=2} \beta_j x_{ij} + \sum_{w=6} \beta_w x_{iw} + \beta^* \lambda_i + \varepsilon_i \qquad (5-4)$$

其中，$export_i$ 为农业企业 i 出口量，其他变量与式（5-2）相同，β_0、β_1、β_j、β_w、β^* 分别为式（5-4）中对应各解释变量和 λ_i 的回归系数。

根据现有研究理论，结合上述模型推导及已有相关研究（陶攀等，2014；盛丹等，2011；苏振东等，2012），选取的变量具体如下。

（1）农业企业出口。涉及农业企业出口的被解释变量有两个：一是农业企业出口与否，若农业企业出口赋值为 1，否则赋值为 0；二是农业企业出口量，采用农业龙头企业的主营农产品出口额表示。

（2）企业性质。企业性质是影响企业出口行为的重要因素。农业龙头企业的所有制类型主要包括民营、国有、集体、港澳台资、外资，由于民营农业龙头企业数量和研发投入量均占较高比重，本章将企业性质划分为民营和其他类型，农业企业若为民营企业赋值为 1，否则赋值为 0。

（3）企业劳动力人数。劳动力人数表示企业规模的大小（Bernard & Jensen，2004）。企业劳动力人数越多，企业规模越大，企业出口可能性越高；尽管农业企业产品生产加工具有一定的季节性，但季节性用工、临时性用工比重相对较少，因而，本章所考虑的劳动力人数仅包括企业常年所雇用的职工人数，并不包含季节性和临时性职工数量。

（4）劳动生产率。劳动生产率高的企业产品在国际市场上具有竞争力，相对容易出口。生产效率主要有简单计算的劳动生产率和全要素生产率两种计算方式。简单的劳动生产率等于企业销售收入除以企业劳动力人数。

（5）劳动力工资。劳动力工资反映了劳动力的质量水平，一般来说，企业劳动力质量水平越高，企业产品越具有竞争力，企业产品更加容易出口。劳动力工资等于企业所支付的工资和福利总额除以劳动力人数。

（6）研发投入。企业研发投入与企业研发能力呈正相关关系，研发投入越多，企业研发能力越强，技术创新能力和生产效率就会越高，产品质量和数量得以提升，产品更具有国际市场竞争力，企业出口将会增加。研发投入采用企业实际用于研发投入的金额表示。

另外，除上述变量外，本章加入了与地理位置有关的控制变量。2005～2014 年我国各省份农产品贸易数据显示，东部地区农产品贸易额占我国农产品贸易总额的 70% 左右，沿海省份农产品出口量高于内陆省份，[①] 可见，地理位置的差异性将会影响企业出口量。与地理位置有关的变量包括企业所在地区、企业所在城市、企业所在省份是否靠海，具体赋值如下：企业所在地区，指企业具体位于哪个地区（传统意义上的东部、中部和西部地区），如果企业所在地区为东部地区则赋值为 1，否则赋值为 0；企业所在城市，指农业企业所在城市是否为省会城市（包含计划单列市），若为省会城市赋值为 1，否则赋值为 0；企业所在省份是否靠海，指企业所在省份是否与海岸线邻近，与海岸线邻近赋值为 1，否则赋值为 0。本章还考虑了时间趋势变量的影响，以 2011 年作为参照组选择两个时间趋势变量，即 2012 年（2012 年赋值为 1，其他年份赋值为 0）和 2013 年（2013 年赋值为 1，其他年份赋值为 0）。

5.2.2　数据来源

本章使用国家级农业龙头企业的相关数据，具体包括 2011～2013 年

---

① 　具体数据来源于历年《中国农产品贸易发展报告》。

1161 家生产加工型国家级农业龙头企业的生产、经营和农产品出口等数据。[①] 从各地区来看，东部、中部和西部地区国家级农业龙头企业数量分别为 420 家、394 家和 347 家，分别占调研国家级农业龙头企业总数的36.18%、33.94% 和29.88%。从企业性质来看，民营龙头企业939 家，占调研国家级农业龙头企业总数的81%，其他类型企业数量相对较少。在1161 家生产加工型国家级农业龙头企业中，有485 家企业出口，占调研国家级农业龙头企业总数的42%。各变量统计性描述如表5-1 所示。

表 5-1 　　　　　　　　　　各变量统计性描述

类别	变量	均值	标准差	最小值	最大值
被解释变量	企业出口与否	0.43	0.50	0.00	1.00
	企业出口额	6.69	2.04	-0.60	12.34
解释变量	劳动力工资	0.83	0.83	-5.03	10.46
	研发投入	6.22	1.71	-0.29	12.40
	劳动力人数	7.00	1.19	3.04	11.70
	劳动生产率	4.14	0.99	-0.18	12.06
	企业所有制	0.39	0.49	0.00	1.00
	企业所在地区	0.31	0.46	0.00	1.00
	企业所在城市	0.40	0.49	0.00	1.00
	企业所在省份是否靠海	0.79	0.41	0.00	1.00

注：农业企业出口额、劳动力工资、研发投入、劳动力人数、劳动生产率均取对数。下同。
资料来源：根据 Stata12.0 软件整理而得。

5.3 实证结果分析与讨论

5.3.1 基于总体样本的分析

本章采用 Stata12.0 软件，结合 Heckman 两阶段模型就研发投入对农

[①] 由于部分企业数据缺失，2011 年使用的企业数量为786 家。

业企业出口的影响进行分析，从整体来看，模型回归效果显示，λ_i 和模型中大多解释变量通过显著性水平检验，具体结果如表5-2所示。

表5-2　　　　研发投入对农业企业出口影响的回归结果（1）

回归方程1			回归方程2		
变量	系数	z值	变量	系数	z值
出口额			出口密集度		
劳动力工资	- 0.40 **	- 2.48	劳动力工资	- 0.04 ***	- 2.71
研发投入	- 0.30 ***	- 3.59	研发密集度	- 0.96 ***	- 3.30
劳动力人数	0.34 ***	2.70	劳动力人数	- 0.08 ***	- 6.47
劳动生产率	0.91 ***	5.33	劳动生产率	- 0.01	- 0.88
企业所有制	0.32	1.36	企业所有制	0.00	0.05
2012年	0.36	1.33	2012年	0.21 ***	9.77
2013年	0.48 *	1.69	2013年	0.21 ***	9.84
常数项	5.67 ***	3.98	常数项	0.95 ***	7.38
出口与否			出口与否		
劳动力工资	0.14 ***	4.13	劳动力工资	0.15 ***	4.56
研发投入	0.09 ***	4.90	研发密集度	2.28 ***	2.82
劳动力人数	0.12 ***	4.29	劳动力人数	0.20 ***	9.05
劳动生产率	- 0.21 ***	- 6.55	劳动生产率	- 0.16 ***	- 5.35
企业所在地区	0.17 *	1.74	企业所在地区	0.19 **	2.04
企业所在城市	- 0.17 ***	- 3.21	企业所在城市	- 0.17 ***	- 3.26
企业所在省份是否靠海	0.13	1.33	企业所在省份是否靠海	0.13	1.35
企业所有制	- 0.07	- 1.19	企业所有制	- 0.05	- 0.83
2012年	- 0.19 ***	- 2.87	2012年	- 0.15 **	- 2.38
2013年	- 0.23 ***	- 3.41	2013年	- 0.17 ***	- 2.83
常数项	- 0.64 **	- 2.60	常数项	- 0.99 ***	- 4.19
λ_i	- 4.05 ***	- 4.77	λ_i	- 0.34 ***	- 4.88
样本量	2864		样本量	3080	
选择样本量	1603		选择样本量	1743	

　　注：回归方程2中被解释变量为农业企业出口密集度，* 、** 、*** 分别表示在10%、5%、1%的水平上显著。

　　资料来源：根据Stata12.0软件整理而得。

表5-2结果显示，研发投入对农业企业出口与否的影响为正，且通过显著性水平检验，研发投入增加使得农业企业出口概率增加。农业企业增加研发投入，提升农业企业农产品的竞争力，农业企业出口可能性增加，有助于农业企业作出出口决策，出口的农业企业数量增加。对于已出口的农业企业来说，研发投入对农业企业出口额的影响为负，伴随着研发投入的不断增加，农业企业出口额不仅没有增加，反而在下降。中国企业选择出口并不是依靠自主创新和研发活动的推动，技术创新不是中国本土且出口比较优势的来源（盛丹等，2011），农业企业也不例外。

研发投入与农业企业出口额之所以呈现这样的关系，可能与农业企业当前自身状况和农产品贸易的宏观环境有关。具体原因如下：（1）农业企业采取多元化经营措施来提高绩效。农业企业存在多元化经营的趋势，且确实存在较普遍的"背农现象"，其原因在于不是农业比较利益偏低，而是行业市场成长性弱和产业风险较高（刘晓云等，2013）；实施多元化经营聚集于非农产业，能够增加企业产出，提升企业绩效（刘克春等，2011）；尽管研发投入呈现出增加的趋势，但对于企业而言，真正用于农产品研发的资金相对较少。

（2）农业企业研发投入不多，且成果转化率较低。大多数企业在研发上均与高校、科研院所合作，并不能保证这些机构的科研成果在实际生产中运用且生产产品具有市场竞争力。数据显示，我国整体科技成果转化率仅为10%左右，远低于发达国家40%的水平。[①]

（3）整体农产品贸易环境的影响。我国农产品出口受国外贸易技术壁垒的影响较为严重，人民币升值、国内成本上升，出口农产品价格竞争力明显下降。

（4）农产品品质差异性不大。增加研发投入并未改善产品品质，部分企业尽管加大了研发投入，但对于农产品而言，仅是改变了其包装、形状等，对于农产品品质改善不大，农产品品质改善至消费者完全接受直至改

---

① 国家发改委官员：中国科技成果转化率仅10%［EB/OL］. 中国新闻网，2013-12-21.

变消费者偏好则需要一个长期的过程。

以上原因可能导致了研发投入对农业企业出口的影响为负。

本章考察了其他变量对农业企业出口与否及企业出口额的影响。劳动力工资对农业企业出口与否的影响为正，劳动力工资高意味着劳动力素质相对较高，有利于提升农产品品质和竞争力，农业企业将会作出出口的决策；然而，劳动力工资对已出口农业企业出口的影响为负，劳动力工资水平的不断提升，使得出口企业的农产品成本不断加大，这可能导致农产品出口价格高，缺乏国际竞争力，因而出口企业的农产品出口额下降。

劳动力人数对农业企业出口与否及出口额的影响均为正。劳动力人数暗示着企业规模，企业规模越大，企业出口的可能性就越大。企业所有制对农业企业出口与否的影响为负，但并不显著。相对于其他类型的企业来说，农业企业规模小、市场竞争力弱，其作出企业出口决策的可能性不大，但对已经出口的农业企业来说，企业所有制对农业企业出口的影响尽管为正，同样也未通过显著性水平检验，可见企业所有制差异对农业企业出口与否及出口额的影响并不明显。劳动生产率对农业企业出口与否的影响为负，这一结论与陶攀等（2014）分析生产效率对纯加工贸易企业出口状态的影响的结论基本相同，即企业生产率的提高对纯加工贸易企业出口存在显著的抑制作用，与其他学者的研究观点有所差异；劳动生产率对农业企业出口额的影响为正，即劳动生产率越高，意味着农产品成本越低，从而农业企业出口额越高。

地理位置对农业企业出口的影响符合预期。企业所在地区对农业企业出口与否及出口额的影响均为正，且通过显著性水平检验。企业所在地区为东部地区比其他地区的农业企业作出出口决策的可能要高，这可能与东部地区完善的基础设施及便利的交通有一定的关系。企业所在城市对农业企业出口与否的影响为负，且通过显著性水平检验，其中，省会城市消费者消费水平高，购买能力强，企业生产的农产品可能更愿意在国内市场销售，因而，企业作出出口决策的可能性就小。企业所在省份是否靠海对农业企业出口与否的影响为正，企业所在省份靠海为农业企业出口提供了便利，节约了运输成本，提高了这些企业产品的市场竞争力。

从时间趋势变量来看，相对于参照组而言，2012 年和 2013 年时间趋势变量对农业企业出口与否的影响为负，也就是说，企业作出出口决策的可能性在下降；时间趋势变量对农业企业出口额的影响尽管为正，但是并未通过显著性水平检验。

本章采取两种方式验证模型的稳健性。（1）采取其他变量对研发投入与农业企业出口额等变量进行替代。参照苏振东等（2012）的研究，农业企业出口额和研发投入分别采用农业企业出口密集度（企业出口额/企业销售收入额）、研发密集度（研发投入额/企业销售收入额）替代，构建了回归方程 2，其他变量均与回归方程 1 相同。回归结果显示，研发密集度对农业企业出口与否的影响依然为正；就已经出口的企业来说，其对农业企业出口密集度的影响为负，这与回归方程 1 所得到的结论一致。除劳动力人数外，其他变量对农业企业出口的影响与回归方程 1 基本相同。劳动力人数对农业企业出口的影响为负，这与回归方程 1 中的影响方向相反，可能的原因在于劳动力人数增多，企业规模越大，其农业企业出口和销售额均会增加，农业企业出口的增长速度低于企业销售收入的增长速度。

（2）采用逐步回归方法验证研发投入与农业企业出口的关系。借鉴逐步回归方法，删除显著性水平较低的变量，回归方程 3、回归方程 4 显示，研发投入对农业企业出口的影响与回归方程 1、回归方程 2 仍然相同，具体结果如表 5-3 所示。

表 5-3　　　　　研发投入对农业企业出口影响的回归结果（2）

回归方程 3			回归方程 4		
变量	系数	z 值	变量	系数	z 值
出口额			出口密集度		
研发投入	-0.21 **	-2.08	研发密集度	-0.98 ***	-3.41
2012 年	0.31	0.97	2012 年	0.21 ***	10.13
2013 年	0.45	1.36	2013 年	0.21 ***	10.01

续表

回归方程3			回归方程4		
变量	系数	z值	变量	系数	z值
常数项	11.67 ***	9.55	常数项	0.30 ***	5.87
出口与否			出口与否		
研发投入	0.13 ***	8.66	研发密集度	3.02 ***	3.91
企业所在地区	0.22 **	2.20	企业所在地区	0.28 ***	2.94
企业所在城市	− 0.12 **	− 2.34	企业所在城市	− 0.10 **	− 2.05
企业所在省份是否靠海	0.13	1.33	企业所在省份是否靠海	0.13	1.41
2012 年	− 0.25 ***	− 3.83	2012 年	− 0.19 ***	− 3.15
2013 年	− 0.28 ***	− 4.38	2013 年	− 0.20 ***	− 3.42
常数项	− 0.85 ***	− 8.81	常数项	− 0.20 ***	− 3.82
λ_i	− 4.59 ***	− 5.14	λ_i	− 0.31 ***	− 5.31
样本量	2871		样本量	3086	
选择样本量	1610		选择样本量	1749	

注：* 、** 、*** 分别表示在10% 、5% 、1% 的水平上显著。
资料来源：根据 Stata12.0 软件整理而得。

5.3.2 基于民营农业企业的分析

数据显示，民营农业企业对我国农业企业出口的贡献很大，2001 ~ 2013 年样本民营农业企业出口额占生产加工型农业龙头企业出口总额的 66.05% ，研发投入比重为 73.25% ，就研发投入对民营农业企业出口的影响进行分析显得较为重要，其回归结果如表5 -4 所示。模型结果显示，研发投入对民营农业企业出口与否的影响为正，就已出口的农业企业来说，研发投入对民营农业企业出口的影响为负，且均通过显著性水平检验，这与总体回归所得到的结论基本一致；在回归方程 5 与回归方程 6 中，其他解释变量对被解释变量的影响方向与总体回归结果同样一致。

表5－4　　　　研发投入对民营农业企业出口影响的回归结果（1）

回归方程5			回归方程6		
变量	系数	z值	变量	系数	z值
出口额			出口密集度		
劳动力工资	－ 0. 50 ***	－ 2. 89	劳动力工资	－ 0. 03 **	－ 2. 09
研发投入	－ 0. 31 ***	－ 3. 32	研发密集度	－ 0. 73 **	－ 2. 53
劳动力人数	0. 36 ***	2. 65	劳动力人数	－ 0. 07 ***	－ 5. 47
劳动生产率	1. 04 ***	5. 56	劳动生产率	－ 0. 01	－ 0. 97
2012 年	0. 45	1. 47	2012 年	0. 21 ***	9. 24
2013 年	0. 59 *	1. 87	2013 年	0. 22 ***	9. 27
常数项	5. 21 ***	3. 55	常数项	0. 85 ***	6. 31
出口与否			出口与否		
劳动力工资	0. 17 ***	4. 28	劳动力工资	0. 17 ***	4. 56
研发投入	0. 11 ***	5. 39	研发密集度	1. 96 **	2. 29
劳动力人数	0. 10 ***	3. 20	劳动力人数	0. 21 ***	7. 94
劳动生产率	－ 0. 25 ***	－ 6. 86	劳动生产率	－ 0. 18 ***	－ 5. 29
企业所在地区	0. 08	0. 66	企业所在地区	0. 11	0. 95
企业所在城市	－ 0. 21 ***	－ 3. 34	企业所在城市	－ 0. 20 ***	－ 3. 26
企业是否靠海	0. 24 *	1. 97	企业是否靠海	0. 22 *	1. 95
2012 年	－ 0. 25 ***	－ 3. 32	2012 年	－ 0. 19 ***	－ 2. 73
2013 年	－ 0. 29 ***	－ 3. 74	2013 年	－ 0. 21 ***	－ 3. 05
常数项	－ 0. 58 **	－ 2. 11	常数项	－ 1. 02 ***	－ 3. 86
λ_i	－ 3. 80	－ 4. 55	λ_i	－ 0. 27	－ 3. 91
样本量	2289		样本量	2435	
选择样本量	1304		选择样本量	1401	

注：＊、＊＊、＊＊＊分别表示在10%、5%、1%的水平上显著。
资料来源：根据 Stata12. 0 软件整理而得。

　　就研发投入对民营农业企业出口的影响进行分析，采用逐步回归的方法进行回归。回归方程7、回归方程8显示，研发投入对民营农业企业出口的影响与回归方程5、回归方程6仍然一致。具体回归结果如表5－5所示。

表 5-5　　　　研发投入对民营农业企业出口影响的回归结果（2）

回归方程7			回归方程8		
变量	系数	z 值	变量	系数	z 值
出口额			出口密集度		
研发投入	-0.24**	-2.03	研发密集度	-0.74***	-2.66
2012 年	0.42	1.13	2012 年	0.21***	9.59
2013 年	0.59	1.53	2013 年	0.21***	9.47
常数项	11.88***	8.69	常数项	0.22***	4.73
出口与否			出口与否		
研发投入	0.14***	8.25	研发密集度	2.88***	3.52
企业所在地区	0.11	0.91	企业所在地区	0.16	1.40
企业所在城市	-0.15**	-2.45	企业所在城市	-0.13**	-2.15
企业所在省份是否靠海	0.26*	2.15	企业所在省份是否靠海	0.28**	2.48
2012 年	-0.29***	-4.01	2012 年	-0.23***	-3.35
2013 年	-0.33***	-4.43	2013 年	-0.24***	-3.49
常数项	-0.91***	-8.35	常数项	-0.20***	-3.34
λ_i	-4.64***	-4.87	λ_i	-0.22***	-4.08
样本量	2293		样本量	2438	
选择样本量	1308		选择样本量	1404	

注：*、**、***分别表示在10%、5%、1%的水平上显著。
资料来源：根据Stata12.0软件整理而得。

5.4 研究小结

本章通过 Heckman 两阶段模型就研发投入对农业企业出口的影响进行了分析，从农业企业出口与否和出口额两个角度进行研究。结果显示，研发投入对农业企业出口与否和出口额的影响均显著，但对两者的作用方向不同。研发投入增加可以使得农业企业出口的可能性增加，但对已出口的农业企业来说，研发投入对其出口额的影响为负。对不管是研发投入还是研发密集度所形成的回归方程而言，研发投入对农业企业出口影响的结论并没有改变；本章还针对民营企业，就研发投入对其出口的影响进行分析，同样证实了上述结论。可见，研发投入增加仅仅增加了出口农业企业的数量，并没有增加出口农业企业出口额。

  本章还考察了其他变量对农业企业出口的影响，企业规模的扩大、便利的地理位置、劳动力工资的提高，将使得农业企业出口的可能性大为增加，企业规模的扩大使得已出口的农业企业出口额增加，劳动生产率提高并不能使农业企业作出出口决策，但是对已出口的农业企业来说，提高劳动生产率使得其出口额增加。

第6章

我国农业企业存在"出口—生产率悖论"吗*

贸易理论表明，高生产率的企业倾向于出口，而低生产率的企业更多在国内市场销售。不少国内学者证实了中国企业存在"出口—生产率悖论"，即低生产率的企业出口更多，高生产率企业反而更加倾向于在国内市场销售。这一悖论现象在工业企业中得到普遍论证，验证这一现象或者理论需要更多、更广的样本支撑。本章选取农业企业为样本，求证农业企业是否存在这一悖论。如果存在，如何解释这一现象？如果不存在，又是为什么呢？这是本章试图解决的重要问题。

6.1 问题提出

21世纪以来，中国农产品贸易额持续增加，已成为仅次于欧盟和美国的第三大农产品贸易国。但2004年以来，中国农产品贸易逆差持续扩大，农产品国际竞争力依然有待提高，这固然与中国农产品生产成本高有关

---

* 本章核心内容已发表于《中国农村经济》2018年第3期。

系，然而从农产品出口的主体来看，农业企业成为中国农产品出口的重要主体，2015 年农业企业出口占中国农产品出口额的 80% 左右，国家级农业龙头企业出口额为 158.28 亿美元，占中国农产品出口额的 22.39%。[①] 生产率是一国经济增长的核心，也是企业发展的主要因素，那么中国农产品贸易现象是否与农业出口企业生产率有关？农业出口企业生产率是否低于农业未出口企业生产率，即中国农业企业是否存在"出口—生产率悖论"[②]？就中国农业企业出口与生产率关系的探讨，对中国调整农产品出口结构、提高中国农产品贸易竞争力、促进中国农产品贸易发展具有重要的现实意义。

诸多国外学者运用国外企业数据，证实了出口企业比非出口企业的生产率更高（Benard & Jensen，1995；Bernard & Wagner，1997；Castellani，2002；Greenaway et al.，2005）。克雷（Kraay，1999）较早研究了中国企业出口与生产率的关系，同样证实出口企业具有较高的生产率，与非出口企业相比，其差异并不大。梅里茨（2003）提出异质性企业贸易理论，推导和演绎了"出口—生产率"关系的内在机制，得出结论：高生产率企业选择进入出口市场，低生产率企业仅在国内销售，出口企业生产率显著高于内销企业。国内不少学者利用相关数据验证了中国企业出口与生产率的关系，提出与梅里茨的异质性企业贸易理论不一致的研究结论。例如，李春顶（2010）、卢等（Lu et al.，2010）、马述忠和郑博文（2010）、汤二子和刘海洋（2011）、汤二子（2017）等均证实出口企业生产率反而低于未出口企业或内销企业，也就是现在的"出口—生产率悖论"。"出口—生产率悖论"引发学者就此问题的研究兴趣，相关研究为中国企业"出口—生产率悖论"的存在提供了诸多事实证据。也有些学者研究认为中国企业"出口—生产率悖论"需要满足某种条件。例如，范剑勇和冯猛（2013）研究认为出口密度低的企业不存在"出口—生产率悖论"，在出口密度高

---

① 农业部农业产业化办公室第七批国家级农业产业化龙头企业监测数据。
② 在一些文献中，也称为"生产率陷阱""生产率之谜"，或者表达为出口"生产率悖论"等。

的企业中存在这一现象；盛丹（2013）则认为内资企业出口行为与异质性企业贸易理论一致，外资企业则表现出明显的"出口—生产率悖论"；聂文星和朱丽霞（2003）的研究表明中国2005年之前并不存在"出口—生产率悖论"，在2005年之后中国出现"出口—生产率悖论"转化的趋势；张坤等（2016）研究认为中国制造业出口企业生产率大于未出口企业，纯出口企业生产率小于未出口企业。当然，也并不是所有国内学者都认可中国企业存在"出口—生产率悖论"。例如，唐宜红和林发勤（2009）、易靖韬和傅佳莎（2011）、钱学峰等（2011）研究发现只有具有较高生产率的企业能够克服出口市场的沉没成本，通过自我选择进入出口市场，低生产率企业则自动退出出口市场，出口企业存在"自我选择"效应和"出口学习"效应。

综上所述，国外学者支持梅里茨提出的出口—生产率关系的异质性企业贸易理论，但大多数国内学者认为中国企业存在"出口—生产率悖论"。中国企业存在"出口—生产率悖论"，可能与数据使用和生产率测度方法选择有关（汤二子，2017）。证实中国企业存在"出口—生产率悖论"的学者，如李春顶（2010）、卢等（2010）、马述忠和郑博文（2010）、汤二子和刘海洋（2011）、范剑勇和冯猛（2013）、汤二子（2017）、戴觅等（2011）、杨汝岱和贺灿飞（2014）等，大多采用了不同年份的中国工业企业数据库中所形成的截面数据或者混合面板数据。

现有文献为进一步探讨中国企业出口—生产率关系，提供了一定的借鉴和帮助，但也存在不足。首先，大多数学者的研究对象为工业企业或者制造业企业，很少涉及农业企业，这当然和农业企业数据难以收集有关系；其次，从数据使用上来看，大多数学者使用的是中国工业企业数据库的某一年份数据形成的截面数据或者不同年份构造的混合面板数据。因而，对中国企业存在"出口—生产率悖论"的判断及解释需要选择其他形式的样本数据进行论证。

本章尝试使用国家级农业龙头企业数据，就中国农业企业是否存在"出口—生产率悖论"进行验证，并给予解释。本章从以下两个方面展开分析:第一,采用奥雷和帕克斯(1996)的测度方法,借鉴 2013～2015年国家级农业龙头企业数据,验证中国农业企业是否存在"出口—生产率悖论",并从行业、地区、性质等角度比较中国农业企业"出口—生产率悖论"的差异性;第二,在验证中国农业企业出口和生产率两者关系的基础上,采用实证研究方法阐释中国农业企业存在的"出口—生产率悖论"。

本章可能的贡献主要有以下三点:(1)从企业层面测度中国农业全要素生产率,现有文献多基于《中国统计年鉴》数据(张乐和曹静,2013;全炯振,2009;潘丹和应瑞瑶,2012;赵文和程杰,2011);(2)采用 OP方法测度中国农业全要素生产率,多见于工业企业或者制造业企业全要素生产率的测度,农业全要素生产率的测度多见于数据包络分析(DEA)和随机前沿生产函数及其拓展方法;(3)利用农业企业数据验证中国企业是否存在"出口—生产率悖论",并给予解释。

(6.2) 我国农业企业"出口—生产率悖论"的验证

6.2.1 农业企业生产率测度

本章采用全要素生产率表示企业生产率。[①] 针对全要素生产率的测定方法,在过去长时期内采用普通最小二乘法(OLS),使用残差项代表全要素生产率,普通最小二乘法会产生同时性偏差和样本选择性偏差等技术问题,其残差项和回归项相关,导致估计结果产生偏误,为了消除同时性偏差,固定效应模型逐步被学者采纳,但样本选择性偏误仍然无法解决。为了更好地解决这一问题,不少国内学者采用 OP 方法测度全要素生产率,

---

① 对生产率的测量,目前常用的有两种:一是简单生产率,采用各地区产出除以劳动力人数,或者企业销售收入除以企业职工人数加以表示;二是全要素生产率,采用 OLS 方法、FE 方法、OP 方法、LP 方法进行测算,四种方法各有优缺点,在此不进行详细阐述,可参照鲁晓东和连玉君(2012)的研究。

如鲁晓东和连玉君（2012）、余淼杰（2012）、杨汝岱（2015）等使用 OP
方法就制造业全要素生产率进行测度。

$$Y_{it} = A_{it} K_{it} L_{it} \qquad (6-1)$$

其中，Y_{it}、K_{it}、L_{it} 分别表示 i 企业 t 时期的总产出、资产总额和劳动力总
额，A_{it} 表示 i 企业 t 时期的全要素生产率。对式（6 – 1）两边取对数，可
转化为：

$$y_{it} = \beta_k k_{it} + \beta_l l_{it} + u_{it} \qquad (6-2)$$

其中，y_{it}、k_{it}、l_{it} 分别为 i 企业 t 时期的总产出、资产总额和劳动力总额的
对数表达式；u_{it} 为残差项，且包含 A_{it} 的相关信息。对式（6 – 2）进行 OLS
方法估计，获得全要素生产率 A_{it}，其数值大小为 $exp(u_{it})$，正如前面而言，
残差项 u_{it} 和回归项相关，导致全要素生产率 A_{it} 产生偏误。实际上，u_{it} 包含
ϖ_{it} 和 ε_{it}，ϖ_{it} 可以被观测到，且直接影响到当期因素投入（K_{it}），而 ε_{it} 是
真正的残差项。奥雷和帕克斯（1996）假定企业当前投资为可以观测生产
率的代理变量，即 i_{it} 为 ϖ_{it} 的函数表达。

结合奥雷和帕克斯（1996）的研究方法，[①] 参照鲁晓东和连玉君
（2012）的相关研究，本章认为，i_{it} 不仅取决于残差项（ϖ_{it}）、资产总额对
数（k_{it}），而且与企业年龄（age_{it}）、企业性质（XZ_{it}）有关，即 $i_{it} =$
$f(\varpi_{it}, k_{it}, age_{it}, XZ_{it})$。估计方程的设定形式为：

$$y_{it} = \beta_0 + \beta_e exit_{it} + \beta_k k_{it} + \beta_l l_{it} + \beta_m m_{it} + \beta_i i_{it} + \beta_a age_{it} + \beta_x XZ_{it} + \varepsilon_{it}$$

$$(6-3)$$

其中，$exit_{it}$ 表示企业进入或者退出，m_{it} 作为 i 企业 t 时期的原材料投入对数。

本章针对中国农业企业全要素生产率测度的数据主要来源于 2013 ~
2015 年国家级农业龙头企业监测数据。农业部农业产业化办公室每隔两年
就前两年国家级农业龙头企业进行监测，截至 2017 年，已完成七批 1245
家国家级农业龙头企业数据的连续跟踪监测。但可惜的是，2011 年之前的

---

① OP 方法使用的具体推导过程在此不做阐述，具体参照奥雷和帕克斯（1996）以及鲁晓东
和连玉君（2012）的研究。

国家级农业龙头企业监测数据中未包括农产品出口；另外，采用 OP 方法测度农业企业全要素生产率需要企业投资额指标，该指标并未在监测数据中直接体现，可借鉴资产总额和固定资产折旧额获得企业投资额，因而，本章所使用的最终数据为 2013 ~ 2015 年国家级农业龙头企业监测数据。

本章所涉及的国家级农业龙头企业共 1245 家，去除存在数据异常、缺失等企业，获得 1126 家国家级农业龙头企业数据，共形成企业样本 3378 个。本章所使用的企业样本具有广泛的代表性，数据显示，2015 年 1126 家样本企业的销售收入占国家级农业龙头企业销售总额的 95.5%；1126 家样本企业中有 690 家企业出口，占国家级出口企业总额的 91%，企业出口额占国家级农业龙头企业出口总额的 92.63%。

企业产出、企业资本和企业原材料投入分别采用企业销售收入、资产总额和原材料投入额表示。企业劳动力投入采用农业企业就业人数表示。企业投资额（I_{it}）采用式（6 - 4）表示，固定资产折旧率设定为 5%：

$$I_{it} = K_{it} - K_{it-1} + D_t \qquad (6-4)$$

其中，K_{it}、K_{it-1} 分别为 i 企业 t 时期、$t-1$ 时期的资产总额，D_{it} 为 i 企业 t 时期的固定资产折旧额。企业年龄（age_{it}）等于企业当年年份减去企业成立时间加 1 获得。[1] 企业性质包含民营、国有、外资等，其中民营企业赋值为 1，其他赋值为 0。企业退出指企业未达到国家级农业龙头企业的监测标准，企业在某一年份退出，且在以后年份中不再进入，赋值为 1，其他赋值为 0。农业企业样本的统计性描述如表 6 - 1 所示。

表 6 - 1 　　　　　　　　　　样本企业的描述性分析

变量名称	样本个数	均值	标准差	最小值	最大值
销售收入对数	3378	11.305	1.339	6.242	17.518
资产总额对数	3378	11.163	1.207	8.527	17.642
劳动力对数	3378	6.909	1.228	3.434	11.731
原材料投入	3186	10.167	1.584	1.099	15.573

———————————————

① 企业成立时间通过查询企业网站、电话咨询等方式获得。

续表

变量名称	样本个数	均值	标准差	最小值	最大值
投资额对数	3378	6.916	1.214	3.332	12.806
企业是否退出	3378	0.123	0.328	0.000	1.000
企业年龄	3378	16.446	6.075	1.000	41.000
企业性质	3378	0.790	0.407	0.000	1.000

资料来源：基于回归结果整理而得。

6.2.2 我国农业企业出口—生产率关系的检验

为了准确检验中国农业企业出口—生产率的关系，本章参照杨汝岱（2016）的相关研究，采用两类全要素生产率，即简单加权全要素生产率和收入加权全要素生产率[①]。

整体来看，如表6-2所示，2013~2015年中国农业企业全要素生产率整体未发生明显变化。从农业出口企业与农业未出口企业生产率比较来看，农业出口企业的生产率均值低于农业未出口企业的生产率均值，即中国农业企业存在"出口—生产率悖论"。收入加权全要素生产率同样验证了中国农业企业存在"出口—生产率悖论"，但两者由于加权比重存在差异，简单加权全要素生产率和收入加权全要素生产率的变动趋势不一致。这与一些学者基于中国工业数据库得到的中国食品类加工企业存在"出口—生产率悖论"的结论一致。

表6-2　　　　　　　　2013~2015年农业企业全要素生产率分布

企业类型	简单加权全要素生产率			收入加权全要素生产率		
	2013年	2014年	2015年	2013年	2014年	2015年
农业出口企业	3.335	3.317	3.303	4.115	4.186	4.374
农业未出口企业	3.367	3.366	3.357	4.541	4.484	4.526

---

① 简单加权全要素生产率：各农业企业全要素生产率的简单平均；收入加权全要素生产率：以各农业企业产品销售收入作为权重，求全要素生产率平均值。

续表

企业类型	简单加权全要素生产率			收入加权全要素生产率		
	2013 年	2014 年	2015 年	2013 年	2014 年	2015 年
总体	3.354	3.347	3.336	4.333	4.337	4.449
是否存在"出口—生产率悖论"	是	是	是	是	是	是

注：2013 年、2014 年和 2015 年农业出口企业样本（农业未出口企业样本）分别为 455 个（615 个）、428 个（630 个）和 425 个（633 个）。

结合农业企业的不同分类标准，从行业、地区和企业性质三个角度重点考察中国农业企业是否也同样存在"出口—生产率悖论"，具体结果如表 6-3 所示。

表 6-3　　　OP 方法下的 2013~2015 年中国农业企业是否
存在"出口—生产率悖论"统计

分类		农业出口企业生产率（与未出口企业比较）（%）			是否存在"出口—生产率悖论"		
		2013 年	2014 年	2015 年	2013 年	2014 年	2015 年
行业	粮食类	3.444 (2.210)	3.387 (2.954)	3.402 (1.849)	是	是	是
	畜牧类	3.478 (-5.547)	3.466 (-5.214)	3.445 (-4.577)	否	否	否
	水果蔬类	3.174 (10.640)	3.176 (5.930)	3.170 (4.447)	是	是	是
	其他类	3.317 (0.285)	3.229 (1.128)	3.279 (1.748)	是	是	是
地区	东部地区	3.390 (1.961)	3.387 (3.312)	3.388 (2.562)	是	是	是
	中部地区	3.399 (2.715)	3.331 (3.879)	3.343 (3.060)	是	是	是
	西部地区	3.184 (-1.285)	3.179 (-1.620)	3.114 (0.705)	否	否	是

续表

分类		农业出口企业生产率 （与未出口企业比较）（%）			是否存在"出口— 生产率悖论"		
		2013 年	2014 年	2015 年	2013 年	2014 年	2015 年
性质	民营	3.286 （1.288）	3.274 （1.032）	3.250 （1.729）	是	是	是
	国有	3.529 （0.987）	3.487 （3.269）	3.514 （0.871）	是	是	是
	外资	3.434 （2.580）	3.400 （11.956）	3.416 （12.058）	是	是	是

注：表中的生产率为简单加权生产率；括号内的数字表示未出口企业生产率/出口企业生产率 – 1。

从不同行业企业来看，畜牧类企业全要素生产率高于粮食类、其他类和水果蔬类（水产品、水果和蔬菜）[①] 企业，但相差不大。例如，2013年、2014 年和 2015 年畜牧类农业企业全要素生产率分别比粮食类农业企业高 0.034、0.079 和 0.043。除畜牧类企业外，粮食类企业、水果蔬类企业均存在"出口—生产率悖论"，畜牧类出口企业全要素生产率高于未出口企业。

从不同地区农业企业来看，东部地区农业企业全要素生产率高于中部地区和西部地区，东部、中部地区农业企业依然存在"出口—生产率悖论"，2013 年和 2014 年西部地区农业出口企业全要素生产率均高于未出口企业，2015 年西部地区农业企业存在"出口—生产率悖论"；从各地区出口企业与未出口企业的全要素生产率比较来看，两者的差异基本在 5% 以内。

从不同性质农业企业来看，国有农业企业全要素生产率高于外资农业企业、民营农业企业，国有、民营、外资农业企业均存在"出口—生产率悖论"。外资农业出口与未出口企业全要素生产率的差异更大，而

---

① 将这三类产品归为一类的原因，一是水产品、水果和蔬菜等三类产品均具有贸易优势；二是水产品、水果和蔬菜的企业样本量相对较少。

民营农业出口企业与未出口企业全要素生产率差异较小，也就是说，外资企业的存在可能拉大中国农业出口企业与未出口企业之间的生产率差异，但外资农业企业的存在不是中国农业企业存在"出口—生产率悖论"的主要原因，这与一些学者就中国制造业"出口—生产率悖论"的研究结论存在差异。

6.3 我国农业企业存在"出口—生产率悖论"的解释

就中国农业企业"出口—生产率悖论"的验证来看，中国农业企业普遍存在"出口—生产率悖论"。那么，中国农业企业为什么存在"出口—生产率悖论"？哪些因素促使了中国农业企业"出口—生产率悖论"的形成？李春顶（2015）对中国工业企业"出口—生产率悖论"相关文献进行了梳理，认为加工贸易企业、外资企业、出口密度、资本密集度、国内市场分割等是导致中国企业存在"出口—生产率悖论"的主要因素。对中国工业企业而言，加工贸易企业的存在是造成中国工业企业或制造业企业存在"出口—生产率悖论"的主要原因（李春顶，2010；戴觅等，2014）。然而，与工业产品相比，中国农产品贸易大多为一般贸易，加工贸易占中国农产品贸易的比重相对较低。例如，2015 年农产品一般贸易出口额 578 亿美元，占中国农产品出口总额的 81.8%；来料加工贸易出口额 75.5 亿美元，仅占中国农产品出口总额的 10.7%。86% 的样本企业为一般加工类型的企业，因此，加工贸易企业的存在不能解释中国农业企业"出口—生产率悖论"。同时，中国农业企业中外资企业的比重很低，样本企业中外资企业仅有 56 家，删除外资企业样本，并没有改变中国农业企业存在"出口—生产率悖论"的现状。也就是说，对中国农业企业而言，加工贸易企业和外资企业不能成为解释中国农业企业存在"出口—生产率悖论"的重要原因。基于此，本章借鉴梅里茨（2003）相关理论研究及相关文献，提出如下研究假说。

6.3.1 理论逻辑与研究假说

梅里茨（2003）建立的异质性贸易模型认为，企业进入市场首先会选择在国内市场销售，出口则需要承担更高的固定贸易成本，仅有那些效率更高的企业才能克服固定贸易成本进入国际市场，而效率更低的企业只能在国内市场经营。然而，不少学者证实中国各地区存在明显的市场分割（Poncet，2003；李善同等，2004），尽管对中国国内各地区市场一体化的变动趋势存在争议，但中国各地区存在市场分割是不争的事实。国内市场分割导致各地区区际产品贸易需要支付额外的贸易成本，区际贸易成本可能大于出口贸易成本，其他地区需要支付额外的贸易成本，仅有那些生产率较高的企业才能克服该贸易成本进入国内市场。由于中国各地区存在地方保护现象，只有高生产率的企业才能够分享和获得保护的利润，低生产率的企业在国内市场的生产空间小，仅能通过出口市场销售产品（Yang & He，2014）。生产率是企业出口与否的内在因素，但市场分割对企业出口产生扭曲激励作用（赵玉奇和柯善咨，2016）。因而，市场分割可能是导致中国农业企业"出口—生产率悖论"的重要原因。

研究假说1：市场分割对中国农业企业是否存在"出口—生产率悖论"的影响为正，即中国各地区市场分割越大，中国农业企业存在"出口—生产率悖论"越明显。

要素密集度是指生产一单位某产品所使用的资本与劳动之比。企业资本劳动比越高（低），表示该企业属于资本密集型企业（劳动密集型企业）。企业产品若为劳动密集型产品，其生产可能会面临更多的要素竞争（尤其是劳动力）。一是中国资源禀赋特点——丰富的劳动力和制造业生产能力，使得产品具有成本优势，从而使得中国产品在国际市场上具有竞争力；二是具有比较优势的产品易于进入国外市场，尽管这些企业生产率可能低于未出口企业，但依然能够保证出口企业获得利润，这为低生产率企业出口提供了动力。李建萍和张乃丽（2014）、梁会军和史长宽（2014）均证实较高的资本劳动比会减弱"生产率悖论"，较低的资本劳动比会增强"生产率悖论"。

研究假说2：要素密集度对中国农业企业是否存在"出口—生产率悖论"的影响为负，即要素密集度越高，中国农业企业存在"出口—生产率悖论"越不明显。

出口密集度用于衡量企业的出口能力。刘晴等（2014）在梅里茨（2003）研究的基础上，融入了异质性固定成本和出口密集度，从理论层面证实，低效率企业通过"低固定成本—高出口密集度"参与对外贸易，高效率企业会通过"高固定成本—低出口密集度"方式同时在国内和国外市场进行规模化销售。这也说明出口密集度低的企业可能具有高的生产率，可以同时选择在国内市场和国外市场销售。范剑勇和冯猛（2013）的研究证实，在出口密度较低的组别中，出口企业生产率远高于内销企业；在出口密度较高的组别中，出口企业生产率低于内销企业。

研究假说3：农业企业出口密集度对中国农业企业是否存在"出口—生产率悖论"的影响为正，即农业企业出口密集度越高，中国农业企业存在"出口—生产率悖论"越明显。

企业促销是指企业向消费者传递有关本企业产品的相关信息，说服消费者购买本企业产品的手段。企业促销能够扩大企业产品在国内市场上的知名度，使得企业产品在国内市场上更加容易销售。对农产品更是这样，中国农产品出口一般为"粗加工出口"，大多数产品经过农业企业加工出口。企业促销采用农业企业广告投入或者农业企业广告投入占农业企业销售额的比重表示，一般来说，农业企业广告投入额（比重）越多（高），农业企业国内市场销售额越多，农业企业越不愿意出口。

研究假说4：企业促销对中国农业企业是否存在"出口—生产率悖论"的影响为负，即企业促销投入额越多，中国农业企业存在"出口—生产率悖论"越不明显。

6.3.2 研究方法与数据来源

如前文所述，中国企业"出口—生产率悖论"是指出口企业生产率低于未出口企业生产率，此时"生产率"指"生产率"均值。"出口—生产率悖论"产生的直接原因是低生产率企业出口。如何定义企业生产率的"高"或"低"较为困难，自然也会引起争议。本章将低生产率设定为低于样本企业生产率的均值；将被解释变量设定为中国农业企业是否存在"出口—生产率悖论"，认为全要素生产率低于样本企业生产率均值且出口的企业存在"出口—生产率悖论"，赋值为1，其他赋值为0。具体模型设定为 Probit 模型：

$$P(Y_{it} = 1 \mid x) = F(x_{it}, \beta) = \beta_0 + \beta_1 sf_{it} + \beta_2 kl_{it} + \beta_3 ex_{it} + \beta_4 is_{it} + \beta_5 age_{it}$$
$$+ \beta_6 ageex_{it} + \beta_7 gm_{it} + \beta_8 xz_{it} + \sum_r \beta_r R_{rit} + \sum_h \beta_h H_{hit}$$

$$(6-5)$$

其中，P 为概率，y_{it} 为被解释变量，x_{it} 为解释变量，β 为各解释变量的系数。除研究假说中的市场分割（sf_{it}）、要素密集度（kl_{it}）、出口密集度（ex_{it}）等变量外，还选择了企业市场定位（IS_{it}）、企业存活年龄（age_{it}）、前一年份是否出口（$ageex_{it}$）、企业规模（gm_{it}）等变量；企业性质（xz_{it}）、地区（R_{it}）和行业（H_{it}）等为控制变量。各变量定义及描述性统计分析如表6-4所示。

表6-4　　　　　　　　　　变量定义及描述性统计分析

变量名称	变量定义	均值	标准差	最小值	最大值
中国农业企业是否存在"出口—生产率悖论"[a]	是否属于"出口—生产率悖论"企业。是=1，否=0	0.500	0.500	0.000	1.000
中国农业企业是否存在"出口—生产率悖论"[b]	是否属于"出口—生产率悖论"企业。是=1，否=0	0.250	0.433	0.000	1.000
市场分割	采用生产法进行计算	0.986	0.802	0.000	4.860

续表

变量名称	变量定义	均值	标准差	最小值	最大值
要素密集度	企业资产总额与劳动力人数之比	113.302	165.755	1.025	3951.470
出口密集度	企业出口额与企业销售收入之比	0.081	0.193	0.000	1.050
企业促销	企业对国内市场的广告投入额取对数	5.770	1.903	−3.507	13.497
企业年龄	如前所述（年）	16.446	6.075	1.000	41.000
前一年份是否出口	企业前一年份是否出口，是=1，否=0	0.410	0.492	0.000	1.000
企业规模	企业就业职工人数取对数	6.909	1.228	3.434	11.731
企业性质	民营=1，其他=0	0.790	0.407	0.000	1.000
东部地区	企业所在地区是否位于东部地区，是=1，否=0	0.417	0.493	0.000	1.000
中部地区	企业所在地区是否位于中部地区，是=1，否=0	0.281	0.449	0.000	1.000
粮食类	企业是否属于粮食类企业，是=1，否=0	0.219	0.414	0.000	1.000
畜牧类	企业是否属于畜牧类企业，是=1，否=0	0.236	0.425	0.000	1.000
水果蔬类	企业是否属于畜牧类企业，是=1，否=0	0.136	0.343	0.000	1.000

注：a、b因变量名称均为中国农业企业是否存在"出口－生产率悖论"，变量定义方式也相同，区别在于确认的"出口－生产率悖论"中的生产率数值有差异。

要素密集度、出口密集度、企业促销、前一年份是否出口、企业规模和企业性质等变量数据的获得，均根据国家级农业龙头企业监测数据计算而得。市场分割参照生产法中的地区专业化指数①，以企业所在地市为基准计算而得，② 具体数据来源于国务院发展研究中心信息网。

① 地区专业化指数与市场分割呈现反方向变动趋势，即地区专业化指数越高（低），中国各地区市场分割程度就越低（高）。

② 余东华等（2009）对市场分割测度方法进行了详细总结。除生产法外，另外还包括价格法和贸易法，贸易法则需要省际数据，目前统计数据难以达到连续年份的市场分割测算要求，不少研究使用价格法测算市场分割，但数据获取仅限于省际层面。采用生产法进行计算，以企业所在地市作为基准，可以更加准确地衡量企业所在地区所面临的市场分割。

6.3.3 模型回归解释

1. 基于总体样本

这里使用 Stata13.0 进行模型回归,回归结果如表 6 - 5 所示。表 6 - 5 中回归方程 1 和回归方程 2 为中国农业企业是否存在"出口—生产率悖论"的 Probit 模型的回归结果,结果显示,各主要变量均通过显著性水平检验,模型整体结果较好。

表 6 - 5　　　　　中国农业企业是否存在"出口—生产率悖论"的
Probit 模型回归结果 (1)

回归方程 1			回归方程 2		
解释变量	dy/dx	z 值	解释变量	dy/dx	z 值
市场分割	- 0.002	- 0.180	市场分割	- 0.011	- 0.930
要素密集度	- 0.001***	- 5.170	要素密集度	- 0.001***	- 5.340
出口密集度	0.250***	4.240	出口密集度	0.265***	4.550
企业促销	- 0.043***	- 7.800	企业促销	- 0.046***	- 8.220
企业年龄	- 0.007***	- 4.970	企业年龄	- 0.008***	- 5.170
前一年份是否出口	- 0.004	- 0.160	前一年份是否出口	0.019	0.910
企业规模	- 0.092***	- 9.850	企业规模	- 0.094***	- 10.250
企业性质	- 0.033	- 1.380	企业性质	—	—
东部地区	- 0.102***	- 4.650	东部地区	—	—
中部地区	- 0.125***	- 5.310	中部地区	—	—
粮食类	- 0.114***	- 4.730	粮食类	—	—
畜牧类	- 0.036	- 1.560	畜牧类	—	—
水果蔬类	0.035	1.180	水果蔬类	—	—
常数项			常数项		
样本量	2663		样本量	2663	
R^2	0.1287		R^2	0.1105	
Wald 值	397.20		Wald 值	351.16	

　　注: *、**、*** 分别表示在 10%、5%、1% 的水平上显著。由于表格中数字保留小数点后三位,部分系数显示为 0.000。

从表6-5可以看出，市场分割对中国农业企业是否存在"出口—生产率悖论"的影响并不显著。中国各地区市场分割的原因在于各地区地方保护，其目的在于促进本地区经济发展，但各地方政府对农业保护力度并不强。首先，农业作为基础性产业部门，但农业附加值占各地区生产总值的比重较小，其对本地区经济发展的影响不大。其次，农业企业获得不少国家的减、免税收政策，其纳税额未成为各地方财政收入的主要来源，这也造成了中国各地区农产品市场分割程度不大。理论研究表明，尽管中国各地区存在市场分割，但相比于其他产业部门，各地区农业部门的市场分割程度更小，这在相关文献中已经得到证实（贾伟和秦富，2014）。整体上来说，市场分割对农业企业进入国内市场的阻力不大，对大多数农业企业来说，能够克服市场分割带来的贸易成本进入国内市场，因而市场分割对中国农业是否存在"出口—生产率悖论"影响并不显著，研究假说1并未得到验证。

要素密集度对中国农业企业是否存在"出口—生产率悖论"的影响为负。也就是说，企业要素密集度越高，中国农业企业存在"出口—生产率悖论"越不明显，研究假说2得到验证。中国农产品大多以劳动密集型产品为主，国内农产品与其他国家农产品具有比较竞争优势，相对来说容易进入国际市场；农产品相似程度较高，农业企业在国内市场面临更多的内部竞争，农业企业进入国内市场的竞争强度高于国际市场，能够进入国内市场的农业企业可能需要更高的生产率。

出口密集度对中国农业企业是否存在"出口—生产率悖论"的影响为正。这与研究假说3基本一致。出口密集度高的企业进入国际市场的渠道、运输成本和产品差异化程度等比内销企业似乎更有优势，间接说明这些出口企业进入国际市场的贸易成本比内销企业进入国际市场的贸易成本更低，因而，出口密度高的企业更愿意选择出口。企业具有成熟的销售渠道，企业出口贸易成本相对较低，为企业出口提供了便利条件，研究假说3也得到验证。

企业促销对中国农业企业是否存在"出口—生产率悖论"的影响为

负。大多数农业企业在全球农产品价值链上担任"原料供应者""生产加工者"等角色，其"话语权"有限，农产品出口多以粗加工产品为主。农业企业通过大量国内广告投入，使企业产品知名度明显增加，可以有效改善产品的国内销售渠道，进而使国内销售收入增加，因而企业不会轻易作出出口决策，研究假说 4 得到验证。

中国农业企业是否存在"出口—生产率悖论"的线性概率模型回归结果如表 6-6 所示。其中，回归方程 3 和回归方程 4 分别为表 6-5 中回归方程 1 和回归方程 2 的稳健性检验结果之一，各解释变量对被解释变量的影响方向和显著性水平基本相同，仅系数大小存在差异。

表6-6　　　中国农业企业是否存在"出口—生产率悖论"的
线性概率模型回归结果（1）

回归方程3			回归方程4		
解释变量	系数	z 值	解释变量	系数	z 值
市场分割	-0.004	-0.290	市场分割	-0.012	-0.990
要素密集度	-0.000 ***	-6.430	要素密集度	0.000 ***	-6.680
出口密集度	0.249 ***	4.370	出口密集度	0.261 ***	4.710
企业促销	-0.042 ***	-7.690	企业促销	-0.044 ***	-8.080
企业年龄	-0.008 ***	-4.980	企业年龄	-0.008 ***	-5.200
前一年份是否出口	-0.001	-0.070	前一年份是否出口	0.020	0.940
企业规模	-0.087 ***	-9.650	企业规模	-0.090 ***	-10.070
企业性质	-0.036	-1.520	企业性质	—	—
东部地区	-0.107 ***	-4.770	东部地区	—	—
中部地区	-0.130 ***	-5.390	中部地区	—	—
粮食类	-0.109 ***	-4.510	粮食类	—	—
畜牧类	-0.035	-1.490	畜牧类	—	—
水果蔬类	0.043	1.410	水果蔬类	—	—
常数项	1.641 ***	25.640	常数项	1.537 ***	26.640
样本量	2663		样本量	2663	
R^2	0.1605		R^2	0.142	
Wald 值	—		Wald 值	—	

注：*、**、*** 分别表示在 10%、5%、1% 的水平上显著。由于表格中数字保留小数点后三位，部分系数显示为 0.000。

从表6-6可以看出，企业年龄对中国农业企业是否存在"出口—生产率悖论"的影响为负，也就是说，企业年龄越大，中国农业企业存在"出口—生产率悖论"的可能性越小。企业年龄越大，企业对自身定位越清楚，市场预判能力越强，便会根据自身实际情况选择出口或者内销。上一年份是否出口对中国农业企业"出口—生产率悖论"的影响并不明显，说明上一年份是否出口未成为农业企业本年度农产品出口的必要条件，企业出口更多是为了获得自身利润。企业规模对中国农业企业是否存在"出口—生产率悖论"的影响为负。研究表明，企业规模与企业生产率成正比，伴随着企业规模的不断扩大，农业企业生产率和竞争能力将不断提高。从地区层面上来看，东部、中部地区农业企业存在"出口—生产率悖论"的可能性要低，主要原因是东部、中部地区农业企业全要素生产率高，且这两个地区地理位置便利、交通运输能力强，农业企业出口的可能性更大。从粮食类、畜牧类和水果蔬类对中国农业企业是否存在"出口—生产率悖论"的影响来看，具有贸易优势农产品的农业企业存在"出口—生产率悖论"的可能性更低。

正如前文所述，对低生产率赋值的判断自然会产生争议，生产率高低只是相对的概念。为了验证研究结果的稳健性，本章将低生产率重新定义为低于样本农业出口企业全要素生产率分布的25%，认为低于该生产率值的出口企业存在"出口—生产率悖论"。继续使用Probit模型和线性概率模型，回归结果如表6-7和表6-8所示。其中，回归方程5和回归方程6为中国农业企业"出口—生产率悖论"的Probit模型结果；回归方程7和回归方程8为中国农业企业"出口—生产率悖论"的线性概率模型结果。

表6-7　　　　中国农业企业是否存在"出口—生产率悖论"的
Probit模型回归结果（2）

回归方程5			回归方程6		
解释变量	dy/dx	z值	解释变量	dy/dx	z值
市场分割	-0.008	-0.740	市场分割	-0.014	-1.440

回归方程5			回归方程6		
要素密集度	− 0.000 ***	− 2.880	要素密集度	0.000 ***	− 3.040
出口密集度	0.217 ***	4.900	出口密集度	0.206	4.560
企业促销	− 0.029 ***	− 6.150	企业促销	− 0.034	− 7.130
企业年龄	− 0.009 ***	− 6.520	企业年龄	− 0.009	− 6.720
前一年份是否出口	− 0.046 **	− 2.480	前一年份是否出口	− 0.028	− 1.490
企业规模	− 0.063 ***	− 7.470	企业规模	− 0.069	− 8.090
企业性质	− 0.053 **	− 2.600	企业性质	—	—
东部地区	− 0.133 ***	− 7.580	东部地区	—	—
中部地区	− 0.154 ***	− 8.040	中部地区	—	—
粮食类	− 0.034 *	− 1.640	粮食类	—	—
畜牧类	− 0.059 ***	− 2.920	畜牧类	—	—
水果蔬类	0.048 **	2.100	水果蔬类	—	—
常数项	—	—	常数项	—	—
样本量	2663		样本量	2663	
R^2	0.1290		R^2	0.1154	
Wald 值	362.46		Wald 值	290.48	

注：*、**、***分别表示在10%、5%、1%的水平上显著。由于表格中数字保留小数点后三位，部分系数显示为0.000。

表6-8　　　　中国农业企业是否存在"出口—生产率悖论"的
线性概率模型回归结果（2）

回归方程7			回归方程8		
解释变量	系数	z 值	解释变量	系数	z 值
市场分割	− 0.008	− 0.760	市场分割	0.011	0.188
要素密集度	0.000 ***	− 3.490	要素密集度	0.000 ***	− 3.460
出口密集度	0.226 ***	4.080	出口密集度	0.203 ***	3.680
企业促销	− 0.026 ***	− 5.560	企业促销	− 0.030 ***	− 6.520
企业年龄	− 0.008 ***	− 6.310	企业年龄	− 0.008 ***	− 6.630
前一年份是否出口	− 0.047 **	− 2.620	前一年份是否出口	− 0.028 *	− 1.580
企业规模	− 0.053 ***	− 6.870	企业规模	− 0.058 ***	− 7.600

续表

回归方程7			回归方程8		
企业性质	- 0. 058***	- 2. 850	企业性质	—	—
东部地区	- 0. 161***	- 7. 910	东部地区	—	—
中部地区	- 0. 179***	- 8. 400	中部地区	—	—
粮食类	- 0. 029	- 1. 390	粮食类	—	—
畜牧类	- 0. 049**	- 2. 580	畜牧类	—	—
水果蔬类	0. 061***	2. 220	水果蔬类	—	—
常数项	1. 098	18. 630	常数项	0. 982	18. 450
样本量	2663		样本量	2663	
R^2	0. 1443		R^2	0. 1088	
Wald 值	—		Wald 值	—	

注： * 、 ** 、 *** 分别表示在10% 、5% 、1% 的水平上显著。由于表格中数字保留小数点后三位，部分系数显示为0. 000。

整体而言，各解释变量对中国农业企业"出口—生产率悖论"的影响方向，与回归方程 1 至回归方程 4 的结果大体相同，研究假说 2 至研究假说 4 同样得到验证，研究假说 1 仍未得到验证。但个别变量的显著性存在差异，如前一年份是否出口对中国农业企业"出口—生产率悖论"的影响显著且为负，说明对低生产率企业来说，前一年份是否出口对其下一年份的贸易方式产生显著影响，低生产率企业进入国际市场比打开国内市场更加容易；粮食类、畜牧类、水果蔬类等变量的显著性水平和系数大小有差异。

2. 基于出口样本的再解释

仅选择样本出口企业就中国农业企业存在"出口—生产率悖论"进行解释，解释变量对被解释变量的影响方向基本与整体样本的结果相同，具体回归结果见表 6 - 9 和表 6 - 10。其中，回归方程 9、回归方程 10 被解释变量选择的低生产率标准是低于样本农业企业生产率均值；回归方程 11、回归方程 12 被解释变量选择低的生产率标准是低于样本农业出口企业全要素生产率分布的25% 。

表6-9　　　中国农业企业是否存在"出口—生产率悖论"的
Probit 模型回归结果（3）

回归方程9			回归方程10		
解释变量	dy/dx	z 值	解释变量	dy/dx	z 值
市场分割	- 0.039 *	- 1.890	市场分割	- 0.035 *	- 1.750
要素密集度	- 0.001 ***	- 6.150	要素密集度	- 0.001 ***	- 5.510
出口密集度	0.264 ***	4.340	出口密集度	0.260	4.480
市场定位	- 0.030 ***	- 3.200	市场定位	- 0.029	- 3.180
企业年龄	- 0.005 **	- 2.350	企业年龄	- 0.005	- 2.350
前一年份是否出口	0.029	0.350	前一年份是否出口	0.012	0.140
企业规模	- 0.112 ***	- 7.960	企业规模	- 0.121	- 9.010
企业性质	- 0.071 *	- 2.010	企业性质	—	—
东部地区	- 0.127 ***	- 3.710	东部地区	—	—
中部地区	- 0.071 *	- 1.850	中部地区	—	—
粮食类	- 0.053	- 1.270	粮食类	—	—
畜牧类	- 0.086 **	- 2.260	畜牧类	—	—
水果蔬类	0.041	1.060	水果蔬类	—	—
样本量	1095		样本量	1095	
R^2	0.1095		R^2	0.1408	
Wald 值	218.83		Wald 值	183.22	

注：*、**、***分别表示在10%、5%、1%的水平上显著。由于表格中数字保留小数点后三位，部分系数显示为0.000。

表6-10　　　中国农业企业是否存在"出口—生产率悖论"的
Probit 模型回归结果（4）

回归方程11			回归方程12		
解释变量	系数	z 值	解释变量	系数	z 值
市场分割	- 0.030 *	- 1.760	市场分割	- 0.024 *	- 1.620
要素密集度	- 0.000 ***	- 2.860	要素密集度	- 0.000 **	- 2.630
出口密集度	0.256 ***	6.030	出口密集度	0.198 ***	4.650
市场定位	- 0.026 ***	- 3.450	市场定位	- 0.027 ***	- 3.650
企业年龄	- 0.007 ***	- 4.240	企业年龄	- 0.007 ***	- 3.970
前一年份是否出口	- 0.051	- 0.910	前一年份是否出口	- 0.080	- 1.230
企业规模	- 0.042 ***	- 3.520	企业规模	- 0.058 ***	- 4.760

续表

回归方程 11			回归方程 12		
企业性质	-0.057*	-2.020	企业性质	—	
东部地区	-0.187***	-7.310	东部地区	—	
中部地区	-0.134***	-4.580	中部地区	—	
粮食类	0.062*	1.950	粮食类	—	
畜牧类	-0.102**	-2.880	畜牧类	—	
水果蔬类	0.017	0.580	水果蔬类	—	
样本量	1095		样本量	1095	
R^2	0.1695		R^2	0.1095	
Wald 值	204.92		Wald 值	111.47	

注：*、**、***分别表示在10%、5%、1%的水平上显著。由于表格中数字保留小数点后三位，部分系数显示为0.000。

就所有出口企业来说，除个别变量外，各解释变量对中国农业企业"出口—生产率悖论"的影响方向基本与上述回归模型相同。但是，市场分割对中国农业企业"出口—生产率悖论"的影响显著且为负，说明市场分割阻碍低生产率农业企业进入国内产品市场，进而可能加剧中国农业企业"出口—生产率悖论"。

为了验证模型稳健性，本章尝试采用 LP 方法就中国农业企业全要素生产率重新进行测度，并参照上述模型进行回归，同样证实中国农业企业存在"出口—生产率悖论"，各解释变量对被解释变量的影响方向基本与 OP 方法下的结果相同。①

6.4 研究小结

本章借鉴国家级农业龙头企业数据验证中国农业企业是否存在"出口—生产率悖论"，并对中国农业企业"出口—生产率悖论"给予解释：

---

① 由于表格太多，在此不进行展示。

中国农业企业存在"出口—生产率悖论",这与农业生产方式与贸易特点密切相关;"出口—生产率悖论"的存在并没有颠覆贸易理论,或者说只是提出一个例外或者增加了一个约束条件而已(汤二子,2017)。研究结果显示:

(1)中国农业企业存在"出口—生产率悖论",这也为中国企业存在"出口—生产率悖论"提供了新的例证。但农业出口企业生产率均值与农业未出口企业生产率均值差异不大。

(2)从不同行业来说,畜牧类出口企业生产率高于未出口企业生产率,粮食类、水果蔬类和其他类企业存在"出口—生产率悖论";从不同企业性质来说,外资企业的存在加剧了中国农业企业"出口—生产率悖论"的形成,但外资企业的存在不是中国农业企业存在"出口—生产率悖论"的主要原因;从不同地区来说,东部和中部地区农业企业存在"出口—生产率悖论",西部地区在不同年份农业企业出口与生产率之间的关系有差异。

(3)不同于工业部门,加工贸易企业不能成为中国农业企业存在"出口—生产率悖论"的主要成因,在农业企业中,加工贸易企业几乎不存在。

(4)市场定位、出口密集度和要素密集度成为中国农业企业存在"出口—生产率悖论"的关键因素。农业企业出口密集度越高,中国农业企业存在"出口—生产率悖论"的可能性越大;要素密集度对中国农业企业是否存在"出口—生产率悖论"的影响为正;市场定位与中国农业企业"出口—生产率悖论"变动的方向相反。

(5)整体来看,市场分割对中国农业企业存在"出口—生产率悖论"的影响并不明显,但市场分割促进了低生产率农业企业出口,因而,市场分割加剧了中国农业企业"出口—生产率悖论"的形成。

第7章

我国农业企业全要素生产率区域比较及驱动因素影响[*]

现有文献对于农业全要素生产率的研究，更多倾向于对全要素生产率增长率的比较分析，直接使用全要素生产率绝对值的并不多。本章主要运用 OP 方法对农业企业全要素生产率进行测度，并分析中国各地区、各行业农业企业全要素生产率的差异；在此基础上，尝试验证两个重要的研究假说：一是各地区资源禀赋差异直接决定农业企业全要素生产率；二是研发投入能有效提高农业企业全要素生产率。

7.1 问题提出

全要素生产率一直是经济增长的核心。从农业经济增长角度看，农业综合生产能力的提高包含两部分：一部分来自农业生产要素投入量的增长；另一部分来自农业要素生产率的提高。现代农业增长的主要特征表现为农业全要素生产率的全面提高，即不断扩大农业全要素生产率对农业增长的贡献份额。经过 40 多年的改革和发展，我国农业发展进入了一个新的

---

* 本章核心部分内容已发表于《中国农业大学学报（自然科学版）》2020 年第 8 期。

阶段，农业生产总量基本平衡且丰年有余，农业生产由资源约束变为资源和市场双重约束，农业生产的结构性矛盾日益突出，农产品市场竞争力不强等。中国各地区由于地理环境、自然资源等因素的影响，农业全要素生产率地区差异相对明显（王珏等，2010），探究中国农业全要素生产率地区差异的动态演变趋势以及背后的原因，对于缩小地区差异、促进不同地区农业和农村经济的协调发展具有重要的现实意义。

不少学者针对中国农业全要素生产率的研究主要集中在以下三个方面。一是测定中国农业全要素生产率增长率，并判断其变动趋势。张乐和曹静（2013）、全炯振（2009）、潘丹和应瑞瑶（2012）、赵文和程杰（2011）等对中国农业全要素生产率增长进行测度，并比较了中国农业全要素生产率的变动趋势，从农业全要素生产率增长的测度结果来看，存在不少争议。二是在测度中国农业全要素生产率增长的基础上，就其影响因素进行分析。尹雷和沈毅（2014）、陈俊聪等（2016）、李静和孟令杰（2006）等研究认为，要素生产率增长主要是农业技术进步效应，而不是农业技术效率效应。赵文和程杰（2011）的研究则提出了不同观点，认为农业技术进步对中国农业增长的影响并不大，更多的是依赖于投入。王珏等（2010）构建空间计量模型分析了中国各地区农业全要素生产率的影响因素，发现地理因素、土地利用能力、工业化进程、对外开放和科技水平对中国农业全要素生产率增长具有显著影响，而电力利用水平、自然环境、需求因素对农业全要素生产率增长的影响并不显著。李士梅和尹希文（2017）采用数据包络分析（DEA）模型对全要素生产率进行了测度，研究认为劳动力流动阻碍了农业全要素生产率的提高。高帆（2015）认为人力资本含量、灌溉面积占比、工资性收入占比和农业财政支出占比对农业全要素生产率有正面影响。方福前和张艳丽（2010）也分析了财政支农对农业全要素生产率的正向作用。三是从空间角度进行分析。郭萍等（2013）分解了中国农业全要素生产率，研究显示，中国农业全要素生产率地区差异的31%来自东部农业全要素生产率地区差异的贡献，29%来自东、中、西部区域间农业全要素生产率差异的贡献。张利国和鲍丙飞

（2016）分析提出，中国粮食全要素生产率增长主要依靠技术效率驱动，除四川以外的省份，粮食全要素生产率均增长。杨刚和杨孟禹（2013）基于静态与动态空间面板模型研究认为，中国农业全要素生产率存在空间差异，且这种差异在不断扩大。尹朝静等（2016）则从空间层面比较了各省份农业全要素生产率的差异性，认为其表现出明显的空间地域差异，并且该差异呈扩大趋势。石慧等（2008）在测度各省份全要素生产率的基础上，对其是否收敛进行分析，研究结果显示，样本期间内，省份之间的农业全要素生产率没有缩小的趋势，不存在绝对收敛，只有东部地区内部省份间的差距会无条件逐渐缩小，说明我国农业生产中不存在新增长理论的收敛机制。四是从农户角度分析全要素生产率。朱喜等（2011）研究认为，即使不考虑技术因素，如果有效消除资本和劳动配置的扭曲，农户的农业全要素生产率有望再增长20%以上，其中东部和西部地区的改进空间超过30%。

现有文献对中国农业全要素生产率的研究，整体来看具有以下三个特点：首先，不少研究仍然集中在全要素生产率增长，而非全要素生产率方面；其次，对于全要素生产率的测度，过多使用统计年鉴数据，测度的结果差异仍然较大；最后，在研究方法的使用上，多使用 DEA 模型、马奎斯特（Malmqulist）指数、随机前沿模型等，研究方法相对较为单一。从现有研究文献来看，有两点关注较少：一是基于中国各地区农业全要素生产率的空间差异比较上，仅有少量文献进行研究；二是使用数据相对来说较为单一，大多数研究使用的是《中国统计年鉴》数据。不同数据和研究方法的差异，可能会带来研究结论的差异。而从其他行业的相关研究来看，不少研究利用企业数据测度全要素生产率，采用农业企业数据测度和比较农业全要素生产率的研究相对较少。

本章将研究对象定为国家级农业龙头企业的全要素生产率，而不是像既有文献那样将研究对象定为各省份农业全要素生产率。国家级农业龙头企业作为新型农业经营主体的中坚力量，成为构建现代农业产业体系、生产体系和经营体系的重要参与者、贡献者和引领者。本章主要利用2013～2015 年的国家级农业企业数据，就农业企业全要素生产率进行测度，并从粮食类、畜牧类、水果蔬类和其他类等比较各省份及各地市农业企业的全要素生产率；在此基础上，进一步分析影响中国农业企业全要素生产率的主要因素，提出相应的政策建议。

7.2 研究方法与数据来源

7.2.1 研究方法

企业生产函数设定如下：

$$Y_{it} = A_{it}K_{it}L_{it} \tag{7-1}$$

其中，Y_{it}、K_{it} 和 L_{it} 分别表示 i 企业 t 时期的总产出、资产总额和劳动力总额；A_{it} 表示 i 企业 t 时期的全要素生产率。

对式（7-1）取对数，可转化为：

$$\ln Y_{it} = \beta_k \ln K_{it} + \beta_l \ln L_{it} + u_{it} \tag{7-2}$$

其中，残差项 u_{it} 包含 A_{it} 的相关信息。

对式（7-2）进行 OLS 方法估计，获得全要素生产率的相关数值 $exp(u_{it})$，但残差项 u_{it} 和回归项相关，导致全要素生产率 A_{it} 产生偏误。将 u_{it} 分解为 ϖ_{it} 和 ε_{it}，ϖ_{it} 可以被观测到，且可能影响到当期因素（K_{it} 和 L_{it}），ε_{it} 是真正的残差项。奥雷和帕克斯（1996）假定企业当前投资为不可观测生产率的代理变量，i_{it} 为 ϖ_{it} 的函数形式。参照相关研究，本章认为，i_{it} 不仅取决于残差项（ϖ_{it}）和资本存量有关（k_{it}），而且与企业年龄（age_{it}）、企业性质（XZ_{it}）有关系，即 $i_{it} = f(\varpi_{it}, k_{it}, age_{it}, XZ_{it})$，求反函数，得到：

$$\varpi_{it} = h_{it}(i_{it}, k_{it}, age_{it}, XZ_{it}) \tag{7-3}$$

其中，i_{it} 和 k_{it} 分别为当期投资（I_{it}）和当期资本的对数形式。

将式（7-3）代入式（7-2），得到：

$$y_{it} = \beta_a age_{it} + \beta_x XZ_{it} + \beta_k k_{it} + \beta_l l_{it} + h_{it}(i_{it}, k_{it}, age_{it}, XZ_{it}) + \varepsilon_{it} \tag{7-4}$$

其中，y_{it}、l_{it}分别为当期企业产出对数（$\ln Y_{it}$）、企业劳动力人数对数（$\ln L_{it}$）。假定 $\sigma_{it} = \beta_0 + \beta_a age_{it} + \beta_x XZ_{it} + \beta_k k_{it} + h_{it}(i_{it}, k_{it}, age_{it}, XZ_{it})$，式（7-4）转化为：

$$y_{it} = \beta_l l_{it} + \sigma_{it} + \varepsilon_{it} \qquad (7-5)$$

对式（7-5）进行估计，获得 l_{it} 的一致性估计（β_l）。参见贝尔曼（Bellman）方程，使用生存概率 P_t 估计样本的进入和退出，P_t 取决于企业的技术临界值（$\bar{\varpi}_{it}$），如果实际生产率 ϖ_{it} 大于 $\bar{\varpi}_{it}$，则企业将继续选择经营，如果实际生产率 ϖ_{it} 小于 $\bar{\varpi}_{it}$，则企业将退出。$P_{rt}(exit_{it} = 1 | = \varpi(i_{it-1}, k_{it-1}, age_{it-1}, EX_{it-1})$，从而控制样本选择的偏误。

$$\begin{aligned} y_{it} - \beta_l l_{it} &= \beta_a age_{it} + \beta_x XZ_{it} + \beta_k k_{it} + g(P_t, \sigma_{it-1} - \gamma k_{it-1} - \beta_a age_{it-1} \\ &\quad - \beta_x XZ_{it-1}) + \varepsilon_{it} \end{aligned} \qquad (7-6)$$

其中，$g(P_t, \sigma_{it-1} - \gamma k_{it-1} - \beta_a age_{it-1} - \beta_x XZ_{it-1})$ 为包含 σ_{it} 和 k_{it} 的滞后期的函数，在此情况下，想获得一致性估计，必须采用非线性最小二乘法完成；之后进一步估计资本项、企业年龄、企业性质的系数。

结合奥雷和帕克斯（1996）、鲁晓东和连玉君（2012）的研究，[①] 估计方程设定如下：

$$\begin{aligned} \ln Y_{it} &= \beta_0 + \beta_e EXIT_{it} + \beta_k \ln K_{it} + \beta_l \ln L_{it} + \beta_m \ln m_{it} + \beta_i \ln I_{it} \\ &\quad + \beta_a age_{it} + \beta_x XZ_{it} + \varepsilon_{it} \end{aligned} \qquad (7-7)$$

其中，$EXIT_{it}$ 表示企业的进入或者退出，age_{it} 表示企业的年龄，$\ln m_{it}$ 表示企业的原材料投入额对数，XZ_{it} 表示企业性质。

7.2.2 数据来源

本章与第6章的数据来源一致，在此不再介绍。企业产出、企业资本和企业原材料投入分别采用企业销售收入、资产总额和原材料投入额表

---

① LP方法使用的具体推导过程，在此不做阐述，具体参照奥雷和帕克斯（1995）、鲁晓东和连玉君（2012）的研究。

示，企业劳动力投入采用农业企业就业人数表示，企业投资额（I_{it}）如式（7-8）所示，企业固定资产折旧率设定为5%。

$$I_{it} = K_{it} - K_{it-1} + D_{it} \qquad (7-8)$$

其中，K_{it}、K_{it-1}分别为 i 企业 t 时期、$t-1$ 时期的资产总额，D_{it}为 i 企业 t 时期的固定资产折旧额。企业年龄（age_{it}）等于企业当年年份减去企业成立时间①加1；企业性质包含民营、国有、外资等，其中民营企业赋值为1，其他赋值为0；企业退出指企业未达到国家级农业龙头企业的监测标准，企业在某一年份退出，且在以后年份中不再进入，赋值为1，其他赋值为0。样本农业企业的统计性描述如表7-1所示。

表7-1　　　　　　　　　样本农业企业的描述性分析

变量名称	均值	标准差	最小值	最大值
销售收入对数	11.305	1.339	6.242	17.518
资产总额对数	11.163	1.207	8.527	17.642
劳动力对数	6.909	1.228	3.434	11.731
原材料投入	10.167	1.584	1.099	15.573
投资额对数	6.916	1.214	3.332	12.806
企业是否退出	0.123	0.328	0.000	1.000
企业年龄	16.446	6.075	1.000	41.000
企业性质	0.790	0.407	0.000	1.000

7.3　结果分析与讨论

7.3.1　我国农业企业全要素生产率分布状况

1. 我国农业企业全要素生产率变动

本章采用OP方法，测度2013~2015年1126家农业企业全要素生产

---

① 企业成立时间通过查询企业网站、电话咨询等方式获得。

率，在此基础上计算各地市农业企业全要素生产率，① 并根据每类农业企业状况，将农业企业全要素生产率进行五等分，即低水平、中低水平、中等水平、中高水平和高水平。

从时间趋势上来看，我国各地市农业企业全要素生产率变动趋势并不明显，数据显示，2013 年、2014 年和 2015 年我国农业企业全要素生产率均值分别为 3. 251、3. 242 和 3. 232。从空间布局来看，我国各地市农业企业全要素生产率的变动趋势并不明显，各地市农业企业全要素生产率大小排名相对稳定。2013 ~ 2015 年我国农业企业全要素生产率排名前十位的地市比较固定，如江苏省常州市、湖南省株洲市、河南省商丘市、湖北省襄樊市、四川省泸州市、湖北省荆州市、湖南省郴州市、湖北省宜昌市、湖北省黄石市等均排在前十位。从具体各地市来看，大部分农业企业全要素生产率相对较低，以 2015 年为例，1126 家样本农业企业分布于 280 个地市，其中农业企业全要素生产率处于中高水平以上的仅有 14 个地市，农业企业全要素生产率处于中低水平以下的有 157 个地市。2013 年和 2014 年农业企业全要素生产率大多处于中低水平及以下。

2. 农业全要素生产率与各地区农业附加值不匹配

从农业附加值全国排名前 15 位的省份来看，2013 ~ 2015 年农业企业全要素生产率持续增长的省份相对较少，仅有湖南省、辽宁省和浙江省；四川省、湖北省农业企业全要素生产率呈现下降趋势；其他省份农业企业全要素生产率呈现波动趋势（见表 7 - 2）。农业企业全要素生产率与各地区农业附加值并不匹配，从各省份农业企业全要素生产率与农业附加值排名来看，两者差异很大。例如，2013 ~ 2015 年山东省农业附加值在全国均排名第 1 位，而农业企业全要素生产率分别排名第 10 位、第 21 位和第 7位。然而，农业经济并不发达的北京市和天津市，2015 年农业附加值分别仅占全国农业附加值的 0. 23% 和 0. 34%，农业企业全要素生产率反而更

---

① 各地市农业企业全要素生产率由该地市农业企业全要素生产率求均值而得。

高，分别排名第 2 位和第 4 位，2013 年和 2014 年北京市和天津市农业附加值占比基本与 2015 年相同，农业企业全要素生产率仍然排在前列。前 15 位农业附加值与农业企业全要素生产率排名如表 7 - 2 所示。

表 7 - 2　　　　　2013 ~ 2015 年我国农业附加值排名前 15 位省份
农业企业全要素生产率及排名情况

省份	2013 年			2014 年			2015 年		
	农业 TFP	排名	全国排名	农业 TFP	排名	全国排名	农业 TFP	排名	全国排名
山东	3.428	5	10	3.287	9	21	3.456	1	7
河南	3.514	2	6	3.546	2	5	3.402	3	12
江苏	3.299	8	20	3.211	12	26	3.213	12	26
河北	3.346	6	15	3.395	5	13	3.418	2	11
四川	3.489	3	7	3.230	11	25	3.131	14	28
湖南	3.180	15	27	3.462	4	9	3.354	7	17
湖北	3.552	1	3	3.390	6	14	3.214	11	25
广东	3.288	10	21	3.308	8	20	3.306	9	21
黑龙江	3.261	12	23	3.205	13	27	3.293	10	22
安徽	3.211	14	26	3.056	15	31	3.21	13	27
广西	3.224	13	24	3.099	14	30	3.341	8	19
辽宁	3.331	7	17	3.499	3	6	3.363	6	16
福建	3.275	11	22	3.285	10	22	3.003	15	31
云南	3.434	4	9	3.72	1	2	3.367	4	13
浙江	3.123	15	30	3.323	7	18	3.363	5	15

3. 基于不同地市不同类型的企业全要素生产率比较

根据行业分类，将中国农业企业分为粮食类企业、畜牧类企业、果蔬类企业和其他类企业。这里仅介绍 2015 年全国各地市粮食类、畜牧类、果蔬类和其他类企业全要素生产率状况。

粮食类企业共分布在 130 个地市。从粮食主产区来看，2015 年我国粮食产量排名前 5 位的省份分别为黑龙江省、河南省、山东省、吉林省和河北省。其中，山东省和河南省农业企业全要素生产率分别排名第 6 位和第 7 位，黑龙江省和吉林省农业企业全要素生产率排名相对较低，黑龙江省排名第 19 位，吉林省排名第 30 位。而从各地市粮食类企业全要素生产率来看，除河南省商丘市和山东省泰安市外，排名前 5 位省份各地市农业企业全要素生产率均处于一般、中低和低水平。

畜牧类企业共分布在 134 个地市。从畜牧类企业来看，2015 年我国畜牧产量排名前 5 位的省份分别为山东省、河南省、四川省、湖南省和河北省。其中，山东省农业企业全要素生产率排名第 1 位，其他省份农业企业全要素生产率的排名并不高，河南省和河北省农业企业全要素生产率分别排名第 14 位和第 15 位，四川省农业企业全要素生产率最低，为 2.944。从各地市畜牧类企业全要素生产率来看，处于高水平或者中高水平且畜牧产量位于前 5 位省份的地市并不多，仅有河南省南阳市、湖北省襄阳市、河北省邯郸市、湖南省长沙市、山东省威海市，其他地市畜牧类农业企业全要素生产率仍处于中等水平以下。

果蔬类企业共分布在 90 个地市。从果蔬类企业来看，2015 年我国果蔬产量排前 5 位的省份分别为山东省、河南省、河北省、陕西省、广西壮族自治区。其中，河北省、陕西省果蔬类企业全要素生产率排在前两位，其数值分别为 4.184、4.165；河南省、山东省和广西壮族自治区果蔬类企业全要素生产率并不高，分别为 3.187、3.115 和 3.014。从各地市果蔬类企业全要素生产率来看，仅有河南省郑州市、河北省唐山市果蔬类企业全要素生产率处于中高水平，其他则处于一般水平以下；天津市果蔬类产量较低，但果蔬类企业全要素生产率为 4.831，处于高水平。

其他类企业分布在 191 个地市。从其他类企业来看，江苏省常州市、湖南省株洲市、辽宁省丹东市、四川省泸州市、湖北省襄阳市、河南省焦作市其他类农业企业全要素生产率处于中高水平，处于一般水平的地市仅有 35 个，有 27 个地市位于中部地区省份。

7.3.2 影响因素分析

1. 回归模型

构建计量回归模型针对影响农业企业全要素生产率的相关要素进行分

析，各变量定义及描述性统计分析如表 7 - 3 所示。所构建模型如下：

$$TFP_{it} = =\beta_0 + \beta_1 cm_{it} + \beta_2 ck_{it} + \beta_3 yf_{it} + \beta_4 zb_{it} + \beta_5 gm_{it} + \beta_6 xz_{it} + \beta_7 rr_{it} + \varepsilon_{it}$$

$$(7-9)$$

其中，TFP_{it} 为 i 企业 t 时期的全要素生产率；cm_{it}、ck_{it}、yf_{it}、is_{it}、gm_{it} 和 xz_{it} 分别表示农业企业出口密集度、是否出口、研发投入、资本要素比、企业规模和企业性质；β_0 表示常数项，β_1、β_2、β_3、β_4、β_5、β_6、β_7 为各解释变量的系数；ε_{it} 表示残差项。

表 7 - 3　　　　　　　　变量定义及描述性统计分析

变量名称	变量定义	均值	标准差	最小值	最大值
全要素生产率	OP 方法测度的全要素生产率	3.347	0.712	0.793	8.670
出口密集度	出口额占农业企业销售收入总额的比重	0.081	0.193	0.000	1.050
企业是否出口	企业出口 =1，否则 =0	0.399	0.490	0.000	1.000
研发投入	企业当年研发投入总额	6.873	1.620	0.182	12.453
要素密集度	企业资产总额与企业职工人数之比	113.278	165.774	1.025	3951.470
企业规模	企业劳动力人数总和	6.910	1.227	3.434	11.731
企业性质	民营企业 =1，其他 =0	0.790	0.407	0.000	1.000
企业科技人员	企业当年科技人员数量	3.789	1.260	0.000	9.158

2. 回归结果分析

本章使用 Stata13.0 软件就影响我国农业企业全要素生产率的相关因素进行回归分析，整体来看，回归结果相对较好。具体结果如表 7 - 4 所示。

出口密集度对我国农业全要素生产率的影响为负，其中对果蔬类和其他类龙头企业农产品影响较为明显，对粮食类和畜牧类龙头企业全要素生产率的影响并不显著。出口密集度反映企业出口渠道是否成熟、企业出口能力等，企业通过出口能够获取相当的利润，出口密集度高的农业企业全要素生产率较低。

农业企业是否出口对我国农业企业全要素生产率的影响为负，其中对粮食类和畜牧类企业全要素生产率的影响显著为负，对果蔬类和其他类农

表7-4 粮食类、畜牧类、果蔬类、其他类及农业企业全要素生产率回归结果

变量	粮食类		畜牧类		果蔬类		其他类		总体类	
	系数	t值	系数	t值	系数	t值	系数	t值	系数	t值
出口密集度	0.110	0.865	0.114	1.200	0.047	0.020	-0.101***	-4.060	-0.105***	-5.550
企业是否出口	-0.052***	-3.120	-0.035**	-2.190	-0.001	-0.030	0.006	0.460	-0.015*	-1.950
研发投入	0.025	1.140	0.025	1.180	0.109**	2.310	0.001	0.050	0.023*	1.700
要素密集度	0.000***	5.830	0.000*	1.970	0.000***	3.170	0.000***	5.400	0.000***	8.790
企业规模	0.068***	10.610	0.074***	11.640	0.013	0.940	0.020***	3.700	0.042***	12.280
企业性质	-0.018	-1.190	0.001	0.070	-0.083**	-2.820	-0.029*	-2.130	-0.033***	-3.970
企业科技人员数量	-0.011	-0.470	-0.007	-0.320	-0.093*	-1.880	0.028	0.980	0.000	-0.030
常数项	0.648***	16.070	0.539***	12.100	1.027***	11.600	0.844***	22.620	0.755***	33.450
样本量	3056		685		735		377		1259	
R^2	0.1805		0.3025		0.3130		0.0871		0.1388	

注: *、**、***分别表示在10%、5%、1%的水平上显著。由于表格中数字保留小数点后三位,部分系数显示为0.000。

业企业全要素生产率的影响并不显著。这反映了农业出口企业的全要素生产率低于农业未出口企业，与我国农业企业存在"出口—生产率悖论"的研究结果一致。也就是说，农业企业出口更多的表现为"自我选择效应"，而非"自我学习效应"；粮食类和畜牧类出口企业同样表现出这样的趋势，这可能与粮食和畜牧出口贸易竞争力不足有关。

研发投入对我国农业企业全要素生产率的影响为正，即增加研发投入将促使中国农业企业全要素生产率进一步增加，研发投入每增长1%，农业企业全要素生产率增加2.3%。研发投入对果蔬类全要素生产率的影响更大，研发投入每增加1%，果蔬类企业全要素生产率增加10.9%。中国果蔬类农产品生产大多以简单加工为主（简单包装），缺乏深加工。

要素密集度对我国农业企业全要素生产率的影响为正，对四类企业全要素生产率的影响均通过显著性水平检验，但从系数数值来看，影响相对较小。我国农产品大多以劳动密集型产品为主，国内农产品与其他国家农产品具有比较竞争优势，相对来说容易进入国际市场；农产品相似程度较高，农业企业在国内市场面临更多的内部竞争，部分农业企业进入国内市场的竞争强度高于进入国际市场的竞争强度，能够进入国内市场的农业企业可能需要更高的生产率，这一结论与中国农业企业存在"出口—生产率悖论"的结论相符。

企业规模对我国农业企业全要素生产率的影响为正。扩大农业企业规模，利于农业企业全要素生产率的增加，企业规模每增长1%，农业企业全要素生产率将增长4.2%。就具体类型的企业来看，企业规模对粮食类和畜牧类企业全要素生产率的影响将大于其他类型的农业企业。

企业性质对我国农业企业全要素生产率的影响为负，即民营农业企业全要素生产率小于非民营农业企业全要素生产率。而从粮食类、畜牧类和其他类农业企业全要素生产率的回归结果来看，企业性质对这些农业企业全要素生产率的影响并不显著，仅对果蔬类农业企业全要素生产率的影响显著且为正，这也间接说明对于果蔬类企业来说，增加研发投入更能提高企业全要素生产率，进而提高企业绩效。

企业科技人员数量对我国农业企业全要素生产率的影响并不显著，其中对果蔬类企业全要素生产率的影响为负。这也说明农业企业全要素生产率的提升与农业企业科技人员数量的关系不大。导致这一结论的原因可能有以下几点：第一，企业对农业科技人员的内涵理解有差异，在填报过程中，可能存在过多填写农业企业科技人员数量；第二，农业科技人员更主要地影响农业技术进步率或者技术效率，对全要素生产率的影响可能仅是一方面而已。

7.4 研究小结

本章借鉴 OP 研究方法，利用 2013～2015 年我国国家级农业龙头企业数据，测度我国各地市农业企业全要素生产率，对如粮食类、畜牧类、果蔬类和其他类农产品进行空间比较，并在此基础上，对影响我国农业企业全要素生产率的相关因素进行分析，得到以下研究结果。

（1）整体来看，2013～2015 年我国整体及各地市农业企业全要素生产率变动幅度不大，在不少地市甚至出现负增长。

（2）中国农业企业全要素生产率空间差异较为明显，东部地区农业企业全要素生产率高于中部和西部地区；中国各地市农业企业全要素生产率差异明显，农业企业全要素生产率排名前 10 位的地市基本保持不变。

（3）省份农业附加值与农业企业全要素生产率不匹配，即农业企业全要素生产率高的省份，农业附加值未必高，这也说明不同省份农业附加值对全要素生产率的依赖程度不同。就具体产品而言，粮食类、果蔬类等主产省份农业企业全要素生产率与所在省份对应行业的附加值不匹配；畜牧类等主产省份企业全要素生产率与所在省份对应行业的附加值呈现出匹配现象。

（4）研发投入、要素密集度和企业规模对我国农业企业全要素生产率的影响为正，企业出口并未对农业企业生产率起到推进作用。

第8章

我国农业出口企业全要素 生产率分解及比较[*]

第6章研究证实中国农业龙头企业存在"出口—生产率悖论",并解释了国家级农业龙头企业为什么存在"出口—生产率悖论"。从全要素生产率的构成来看,是技术效率还是技术进步对此影响的作用更大? 这可能从另一个层面分析中国农业全要素生产率并提供其他证据。可能的政策启示在于:优化企业要素配置,除了资产和劳动力,更重要的是农业原材料的使用;加大农业企业研发投入,有助于提高农业科技水平,推动企业技术进步。

8.1 引言

出口是农业企业参与或进入国际市场的主要路径或模式。中国作为农产品贸易大国,目前出口和进口比重均排在世界前列。中国农产品贸易呈

---

* 本章核心内容已经发表于 https://www.mdpi.com/2071-1050/13/12/6855。

y

104

现持续增加趋势，而农业企业作为中国农产品出口的重要贸易主体，其贡献突出。国家级农业龙头企业作为农业产业化、产业兴旺的领头羊，在农产品出口中占到了很大的份额。全要素生产率是一国经济增长的核心要素，也是企业发展的主要因素，那么出口和生产率两者存在什么关系？中国农业企业存在"出口—生产率悖论"（贾伟等，2018），即农产品出口企业的生产率低于未出口企业。中国农产品出口企业与未出口企业间全要素生产率存在怎么样的差异？为什么会产生这种差异？这是本章所关心的问题，对改善中国农产品出口结构、提高中国农产品竞争力、促进产业升级具有重要的理论与现实意义。

针对中国农业全要素生产率的研究主要集中在测算、构成以及影响因素方面。（1）全要素生产率的测算。使用方法的不同导致测算结果存在差异。例如，在现有估算全要素生产率的文献中，多使用增长核算法（赵文和程杰 2011；朱喜等，2011）、随机前沿生产函数法（李桦等，2011；张乐和曹静，2013）、数据包络分析法（王珏等 2010；付明辉和祁春节，2016;）以及半参数方法（如 OP 方法、LP 方法和 GMM 方法）（鲁晓东和连玉君，2012；闫志俊和于津平，2017；胡春阳和余泳泽，2019），这些估算方法对数据的要求大体一致，均可处理横截面数据和面板数据，增长核算法还可以处理单一经济体时序数据，只是农业投入、产出指标选择有所不同。（2）全要素生产率的构成。司伟和王济民（2011）对中国大豆全要素生产率的构成要素进行分解，并比较了技术进步率和技术效率变化对其的主要贡献；而韩振等（2019）则将全要素生产率分解成技术效率和进步，对肉牛全要素生产率进行了比较和分析；陈俊聪等（2016）和德尔帕基特（Delpachitra，2012）研究证实技术进步推动了中国农业全要素生产率的增长。（3）也有不少学者研究了全要素生产率的影响因素，如农业人力资本（李士梅和尹希文，2017）、农业基础设施（包括水利、电力、交通等）（邓晓兰和鄢伟波，2018）、政府对农业的财政支持（方福前和张艳丽，2010）、气候变化（尹朝静等，2016）以及农业气象灾害（陈俊聪等，2016）等，研究结果表明，自然环境和政策变化等均会促使农业全要素生产率产生变化。

新—新贸易理论认为企业出口与企业生产率之间是相互影响、互为因果的。目前学术界关于出口与企业生产率之间关系的研究主要集中于以下三个方面。一是出口对企业生产率的影响方向不明确，具体表现为出口对企业生产率没有影响，或者影响不显著（李小平等，2008），或者是在整个时期的某个阶段内有促进作用但在另一个阶段又表现为抑制作用（叶蓁，2010）。二是由于出口企业存在"自我选择"效应和"出口学习"效应，企业出口与生产率之间呈显著的正相关关系（钱学锋等，2011；Castellani，2002；Aw & Hwang，2004；Greenaway et al.，2005）。三是在中国出口导向型战略背景下出口对企业生产率具有负面效应（李春顶和尹翔硕，2009；Lu et al.，2010；Dai et al.，2016；汤二子，2017），即出口企业的生产率要低于未出口企业，存在"出口—生产率悖论"。当然，中国企业之所以会呈现出"出口—生产率悖论"也是要满足一些前提条件的，如出口密度（范剑勇和冯猛，2013）、企业性质（盛丹，2013）、所属行业（张坤等，2016）、企业存在时间（聂文星和朱丽霞，2003）等。

现有文献的研究提供了一些借鉴和帮助，但也存在一些不足。一是对中国农业全要素生产率的研究大多针对农业行业，所使用数据也多来自《中国统计年鉴》，来自农业企业层面的研究较少。二是大多数研究分析了农业全要素生产率的变动趋势，缺乏对农业具体行业的比较。三是从出口和生产率的关系来看，尽管有文献证实中国农业企业存在"出口—生产率悖论"，也对存在"出口—生产率悖论"的原因进行了分析，但是未从全要素生产率的构成角度分析到底是什么导致了全要素生产率的变化。本章关注以下两个主要问题：一是中国不同行业农业企业全要素生产率是否存在差异，若有差异又是如何造成的？二是针对农产品出口企业与未出口企业全要素生产率进行比较，并从全要素生产率构成角度对两者的差异进行分析。

8.2 研究方法与数据来源

8.2.1 研究方法

本章参照司伟和王济民（2011）的研究，将全要素生产率分解成技术效率变化（technical efficiency change，TEC）、技术变化（technical change，TC）、规模效率变化和分配效率四个部分，但基于农业企业层面的数据对全要素生产率的构成进行分析，规模效率和分配效率很难计算，为此，将全要素生产率分解成技术进步与技术效率[①]，即全要素生产率指数（$TFPC_i^{t,t+1}$）为技术进步指数（$TC_i^{t,t+1}$）与效率改进指数（$TEC_i^{t,t+1}$）的乘积：

$$TFPC_i^{t,t+1} = TEC_i^{t,t+1} \times TC_i^{t,t+1} \qquad (8-1)$$

测算企业效率改进指数需要测算企业技术效率，随机前沿生产函数（stochastic frontier approach，SFA）被广泛用于分析技术效率，核心在于构造出一个存在具体生产前沿面的生产函数，但对生产函数的参数形式、方程构造和误差项的设定具有严格的要求，将除去要素贡献能够解释的部分外剩下的增长视为生产率的贡献，并认为个体经济决策单元不能落到前沿生产面的主要原因在于技术效率的损失。

根据艾格纳等（Aigner et al.，1977）以及巴蒂斯和科埃利（Battese & Coelli，1995）的研究，随机前沿生产函数的基本表达式如下：

$$y_{it} = f(X_{it}, t; \beta) exp(V_{it}, U_{it}) \qquad (8-2)$$

其中，$i=1$，2，…，I；t 为时间趋势，$t=1$，2，…，T；y_{it} 表示 i 企业 t 时期产出；X_{it} 表示与 y_{it} 相对应的 i 企业 t 年的投入向量；β 是随机前沿生产函

[①] 将全要素生产率分解成四个部分，各农产品价格成为主要因素，不同行业农产品价格不具有可比性或者说其计算方式存在差异，因而在研究过程中不考虑农产品价格，将全要素生产率分解成两个部分，即技术效率的变化和技术进步的变化。

数待估计的参数向量；V_{it} 是随机扰动项，假定服从 $N（0，\sigma_v^2）$ 的正态分布，且独立于 U_{it}，表示由不可控因素造成的技术效率损失；U_{it} 为 i 单位 t 年技术效率损失的非负随机变量，假定服从 $N（m_{it}，\sigma_u^2）$ 的半正态分布，表示可以控制的因素对技术效率的影响。

结合巴蒂斯和科埃利（2005）的经验研究，随机前沿生产函数形式如下：

$$\ln y_{it} = \beta_0 + \beta_j \sum_j \ln x_{jit} + \frac{1}{2} \prod_j \prod_j \ln x_{jit} \ln x_{jit} + \beta_{1j} t \ln x_{jit}$$
$$+ \beta_{13} t + \frac{1}{2} \beta_{14} t^2 + (v_{it} - u_{it}) \tag{8-3}$$

其中，y_{it} 为 i 企业 t 时期的销售收入水平，x_{1it}、x_{2it} 和 x_{3it} 分别表示 i 企业 t 时期资本投入、劳动力投入和原材料投入，t 为技术进步变化的时间趋势，β 为待估计参数，v_{it} 为随机误差项，u_{it} 为技术无效率项，且 v_{it} 与 u_{it} 两者相互独立。

根据随机前沿生产函数，采用 Stata15.0 软件测算技术效率，即

$$TE_{it} = \frac{E(y_{it}^* | u_{it}, x_{it})}{E(y_{it}^* | u_{it} = 0, x_{it})} = exp(-u_{it}) \tag{8-4}$$

其中，TE_{it} 表示 i 企业 t 时期的技术效率；E（ ）表示对括号中数学式求期望值；当用实际产量的对数作为被解释变量时，y_{it}^* 等于 $exp(y_{it})$。技术效率变化值为 $t+1$ 时期和 t 时期技术效率值之比：

$$TEC_i^{t, t+1} = \frac{TE_{i, t+1}}{TE_{it}} \tag{8-5}$$

技术进步的变化就式（8-2）进行求导，得：

$$TC_{it} = \frac{E(y_{it}^* | u_{it}, x_{it})}{E(y_{it}^* | u_{it} = 0, x_{it})} \tag{8-6}$$

技术进步指数为：

$$TC_i^{t, t+1} = exp\left\{ \frac{1}{2} \left[\frac{\partial \ln y_{it}}{\partial t} + \frac{\partial \ln y_{i, t+1}}{\partial (t+1)} \right] \right\} \tag{8-7}$$

其中，TC_{it} 和 $TC_i^{t, t+1}$ 分别表示 t 时期的技术进步率和技术进步指数。

8.2.2 数据来源

本章所使用的农业企业的相关指标数据均来自 2016～2017 年的 1145 家国家级农业龙头企业，共获得 2290 个企业样本年度数据。从地区来看，[①] 东部、中部和西部地区国家级农业龙头企业数量分别为 441 家、348 家和 356 家；[②] 从企业性质来看，国有、民营和外资企业分别有 156 家、940 家和 49 家；[③] 从行业分布来看，畜牧类、粮食类和其他类农业龙头企业数量分别为 271 家、274 家和 600 家；从企业是否出口来看，在 1145 家生产加工型农业龙头企业中，约有 37% 的农业企业出口。

8.3 全要素生产率的测度及比较

8.3.1 指标选取和测度

产出指标选取企业销售收入，该指标能够反映企业的生产运行情况和企业规模的大小；投入指标选取企业的资本投入、劳动力投入、中间投入品额等，投入指标能够反映企业规模及资源利用状况，资本投入采用企业资产总额表示，劳动力投入采用企业职工人数表示，[④] 中间投入品采用企业原材料投入表示。各指标统计性描述如表 8-1 所示。

---

① 东部地区包含省份有北京、天津、河北、辽宁、上海、江苏、浙江、福建、山东、广东；中部地区包含省份有山西、吉林、黑龙江、安徽、江西、河南、湖北、湖南；西部地区包含省份有重庆、四川、贵州、云南、西藏、陕西、甘肃、青海、宁夏、新疆、广西、内蒙古、海南。
② 按照区域划分，海南应归属于东部地区，然而，在国家农业产业化龙头企业评定过程中，参照的是西部地区国家龙头企业的标准，因而将海南纳入西部地区。
③ 根据企业性质，将农业企业分为集体、民营和外资三种类型。
④ 在农业企业生产过程中，企业用工主要分为两个部分，即常年性用工和季节性用工，这里主要考虑常年性用工。

表8-1   投入与产出指标的描述性统计分析

变量名称	变量符号	均值	标准差	最小值	最大值
销售收入	$\ln y_{it}$	11.158	1.278	8.506	17.706
资产总额	$\ln x_{1it}$	11.202	1.258	8.557	17.851
劳动力投入	$\ln x_{2it}$	6.602	1.273	0.000	11.668
原材料采购额	$\ln x_{3it}$	10.085	2.693	-6.910	15.510

注：企业销售收入、资产总额、原材料采购额的单位均为万元，劳动力投入的单位为人，且均已取对数。

利用最大似然比值检验，采用超越对数生产函数更能反映农业龙头企业生产的投入产出关系，且农业龙头企业存在技术效率损失，使用Stata15.0软件得到的生产函数模型估计结果如表8-2所示。从表8-2可以看出，资产总额对农业龙头企业产出的影响为正且通过1%显著性水平检验，劳动力投入对农业龙头企业产出的影响不显著，原材料投入对农业龙头企业产出的影响为正且通过5%显著性水平检验。最大似然比值检验结果表明，采用超越对数生产函数比其他类型的生产函数更能反映农业龙头企业的投入产出关系。*lambda* 通过1%显著性水平检验，表明企业生产过程中确实存在技术效率损失。

表8-2   随机前沿生产函数模型估计结果

解释变量	系数	标准差	P值
$\ln x_{1it}$	0.3807 **	0.1499	0.011
$\ln x_{2it}$	-0.0751	0.1251	0.548
$\ln x_{3it}$	0.2239 **	0.0915	0.014
$(\ln x_{1it})^2$	0.0549 **	0.0219	0.012
$(\ln x_{2it})^2$	0.0085	0.0144	0.555
$(\ln x_{3it})^2$	0.1743 ***	0.0109	0.000
$(\ln x_{1it}) \times (\ln x_{2it})$	0.1421 ***	0.0330	0.000
$(\ln x_{1it}) \times (\ln x_{3it})$	-0.2098 ***	0.0220	0.000
$(\ln x_{2it}) \times (\ln x_{3it})$	-0.1190 ***	0.0203	0.000
$t \ln x_{1it}$	0.0085	0.0247	0.731
$t \ln x_{2it}$	0.0050	0.0232	0.830
$t \ln x_{3it}$	-0.0100	0.0188	0.593

续表

解释变量	系数	标准差	P 值
t	-0.0432	0.1975	0.827
t^2	0.0000	(omitted)	
_cons	3.2153 ***	0.7591	0.000
$Sigma^2$	0.2428 ***	0.0079	
lambda	0.6405 ***	0.0244	

注：＊、＊＊、＊＊＊分别表示在10%、5%、1%的水平上显著。

利用随机前沿生产函数的估计结果，以及式（8-1）、式（8-5）和式（8-7），分别测算2016～2017年2290个样本企业的全要素生产率指数、技术效率指数、技术进步指数。

8.3.2　全要素生产率的比较

1. 基于整体角度的比较

如表8-3所示，2016～2017年我国农业企业全要素生产率和技术进步呈现下降趋势，技术效率呈现改善状态，技术进步则呈现下降趋势；技术效率的改善程度小于技术退步程度，其中农业企业技术进步率下降1.9%，技术效率改善程度提高0.1%，农业企业全要素生产率下降的根源是企业技术的退步。从不同行业来看，各个行业农业企业全要素生产率变化也是如此，畜牧类农业企业的全要素生产率指数高于粮食类和其他类企业；粮食类和畜牧类企业技术进步率和技术效率呈现反方向变化趋势，其他类农业企业技术进步率和技术效率变动方向则相同；粮食类企业的技术进步率下降最大、畜牧类企业次之、其他类企业最小，分别下降了2.3%、2.0%、1.6%，粮食类、畜牧类、其他类企业技术效率分别提高了0.3%、0.6%、-0.3%。从企业性质来看，不同性质的农业企业全要素生产率均呈下降态势，且外资农业企业全要素生产率指数高于集体和民营企业，这也说明集体和民营农业企业全要素生产率的波动更加明显；集体农业企业除技术进步指数大于平均水平0.6个百分点外，其余指数均小于平均水平；

民营农业企业除技术效率指数与平均水平相等外，其余指数均小于平均水平；外资农业企业的技术效率指数、技术进步指数、全要素生产率指数均大于所有农业龙头企业的平均水平。

表8-3　　2016~2017年农业龙头企业全要素生产率变化及其分解

总体		TEC	TC	TFPC
		1.001	0.981	0.982
行业	粮食类	1.003	0.977	0.980
	畜牧类	1.006	0.980	0.986
	其他类	0.997	0.984	0.981
企业性质	集体	0.995	0.987	0.982
	民营	1.001	0.980	0.981
	外资	1.013	0.982	0.995

注：TEC、TC和TFPC分别为2007年相对于2016年的技术效率指数、技术进步指数和全要素生产率指数，技术效率改善程度、技术进步和全要素生产率分别为TEC-1、TC-1和TFPC-1。

2. 基于农业出口企业和未出口企业的比较

农业出口企业和未出口企业的全要素生产率均呈现下降趋势，且农业出口企业全要素生产率下降趋势明显（见表8-4），其中，农业出口企业和未出口企业全要素生产率分别下降了2.0%和1.7%；农业出口企业的全要素生产率指数、技术进步指数、技术效率指数分别为0.980、0.983、0.997；农业未出口企业技术效率提高了0.3%，全要素生产率和技术进步率均呈现下降趋势。从行业来看，各类农业出口企业的全要素生产率均不高于同类型的未出口企业；农业出口企业和未出口企业均呈现技术进步下降趋势，其中粮食类、畜牧类、其他类农业出口企业的技术进步率分别下降1.9%、1.9%、1.6%，而粮食类、畜牧类和其他类农业未出口企业技术进步率分别下降2.5%、2.1%、1.6%。粮食类、畜牧类、其他类农业出口企业的技术效率均呈恶化状态，恶化程度分别为0.5%、0.2%、0.2%，除其他类农业未出口企业技术效率恶化外，粮食类、畜牧类企业技术效率呈现上升趋势，分别提高0.6%、1.0%。从企业性质角度来看，集体、外资农业出口企业的全要素生产率的增长率大于未出口企业，民营农业出口企业全要素生产率的增长率小于未出口企业。外资类农业出口企业的全要素生产率指数大于未出口企业，并且外资类农业出口企业的全要素生产率呈增长状态。外资类农业企业出口均呈技术效率提高和技术进步下降趋势，其中出口企业与未出口企业的技术效率分别提高 2.2%、0.3%，技术进步率分别下降 2.0%、1.6%。

表 8 - 4　　　　　　　农业龙头企业全要素生产率分解与企业出口

总体		出口企业			未出口企业		
		TEC	TC	TFPC	TEC	TC	TFPC
		0.997	0.983	0.980	1.003	0.980	0.983
行业	粮食类	0.995	0.981	0.976	1.006	0.975	0.981
	畜牧类	0.998	0.981	0.979	1.010	0.979	0.989
	其他类	0.998	0.984	0.982	0.998	0.984	0.982
企业性质	集体	0.994	0.991	0.985	0.995	0.984	0.979
	民营	0.996	0.982	0.978	1.004	0.979	0.983
	外资	1.022	0.980	1.002	1.003	0.984	0.987

注：TEC、TC 和 TFPC 分别为 2007 年相对于 2016 年的技术效率指数、技术进步指数和全要素生产率指数，技术效率改善程度、技术进步率和全要素生产率分别为 TEC − 1、TC − 1 和 TFPC − 1。

农业企业技术效率总体较高，农业龙头企业技术效率大于 0.7 的样本量为 1031 家，占样本总量的 90.04%；农业出口企业与未出口企业全要素生产率指数之间的差异随着企业平均技术效率的上升而减小，甚至出口企业的全要素生产率的增长率超过未出口企业（见表 8 - 5）。农业出口企业与未出口企业技术效率对全要素生产率的作用方向和程度随着企业平均技术效率水平的变化而变化。当企业技术效率小于 0.6 时，出口企业与未出口企业均呈技术效率恶化状态，且出口企业技术效率的恶化程度大于未出口企业；当农业企业技术效率大于等于 0.6 且小于 0.7 时，出口企业技术效率下降 0.9%，相反未出口企业技术效率提高 0.8%；当企业技术效率大于等于 0.7 且小于 0.8 时，农业出口企业和未出口企业均呈技术效率改善状态，两者分别提高 0.3% 和 1.0%；当农业企业技术效率大于等于 0.8 且小于 0.9 时，农业出口企业与未出口企业技术效率均上升，但出口企业技术效率的提高程度小于未出口企业，且出口企业技术效率的均值大于未出口企业，另外，出口企业技术进步率的下降程度小于未出口企业；当农业企业技术效率大于等于 0.9 且小于 1.0 时，农业出口企业全要素生产率增长率为 0.1%。

表 8-5　　　　　　　　基于 2017 年技术效率的农业龙头企业
全要素生产率分解与企业出口

技术效率	出口企业					未出口企业				
范围	企业数量（家）	技术效率平均值	TEC	TC	TFPC	企业数量（家）	技术效率平均值	TEC	TC	TFPC
(0, 0.6)	14	0.415	0.845	0.993	0.839	37	0.442	0.939	0.990	0.930
[0.6, 0.7)	27	0.659	0.991	0.986	0.977	36	0.661	1.008	0.985	0.993
[0.7, 0.8)	147	0.765	1.003	0.983	0.986	226	0.766	1.010	0.980	0.990
[0.8, 0.9)	231	0.841	1.004	0.981	0.985	390	0.841	1.004	0.979	0.983
[0.9, 1.0)	10	0.916	1.005	0.996	1.001	27	0.911	1.003	0.986	0.989

注：TEC、TC 和 TFPC 分别为 2007 年相对于 2016 年的技术效率指数、技术进步指数和全要素生产率指数，技术效率改善程度、技术进步率和全要素生产率分别为 TEC-1、TC-1 和 TFPC-1。

3. 基于各省份农业出口企业和未出口企业的比较

图 8-1、图 8-2 和图 8-3 分别为我国各地区农业出口企业与未出口企业全要素生产率指数、技术效率指数和技术进步指数比较。

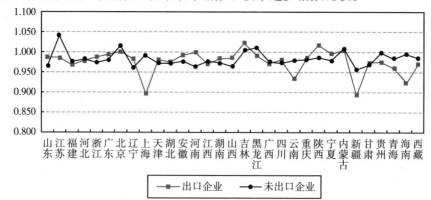

图 8-1　中国各地区农业出口企业与未出口企业全要素生产率指数比较

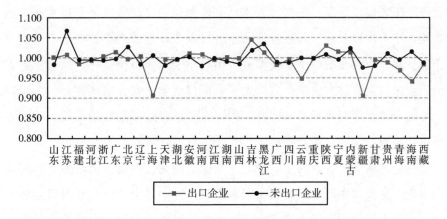

图 8-2　中国各地区农业出口企业与未出口企业技术效率指数比较

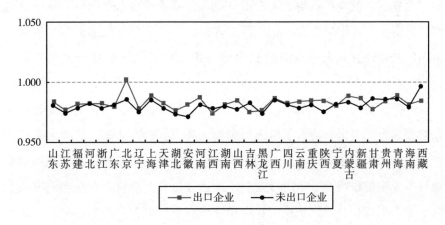

图 8-3　中国各地区农业出口企业与未出口企业技术进步指数比较

从图 8-1、图 8-2 和图 8-3 可以看出，东部、西部地区农业出口企业全要素生产率指数小于未出口企业，中部地区则相反。农业企业全要素生产率指数的变化趋势与技术效率指数的变化趋势相似；中部地区农业出口企业与未出口企业全要素生产率指数、技术效率指数和技术进步指数间的差距最小。因此，全要素生产率的变化主要归因于技术效率的变化。东部地区农业出口企业与未出口企业全要素生产率指数、技术效率指数和技术进步指数间的差距最大，西部地区次之，中部地区最小。

在东部地区所有省份中，山东、浙江、广东和辽宁农业出口企业全要素生产率指数均大于未出口企业，其余省份农业出口企业全要素生产率指数则小于未出口企业。山东、浙江、广东和辽宁农业出口企业技术效率指数均大于未出口企业，其余省份农业出口企业技术效率指数则小于未出口企业。除广东农业出口企业技术进步指数小于未出口企业外，其余所有省份农业出口企业技术进步指数均大于未出口企业。农业出口企业与未出口企业间全要素生产率指数的比较，关键在于技术效率指数的比较，技术效率变化是影响农业企业全要素生产率变化的主要因素。

在中部地区所有省份中，湖北、安徽、河南、湖南、山西和吉林农业出口企业全要素生产率指数均大于未出口企业，其余省份农业出口企业全要素生产率指数则小于未出口企业。安徽、河南、湖南、山西和吉林农业出口企业技术效率指数均大于未出口企业，其余省份农业出口企业技术效率指数则小于未出口企业。除江西、吉林农业出口企业技术进步指数小于未出口企业外，其余所有省份农业出口企业技术进步指数均大于未出口企业。

在西部地区所有省份中，四川、重庆、陕西、宁夏和甘肃农业出口企业全要素生产率指数均大于未出口企业，其余省份农业出口企业全要素生产率指数则小于未出口企业。四川、重庆、陕西、宁夏和甘肃农业出口企业技术效率指数均大于未出口企业，其余省份农业出口企业技术效率指数则小于未出口企业。除宁夏、甘肃和贵州农业出口企业技术进步指数小于未出口企业外，其余所有省份农业出口企业技术进步指数均大于未出口企业。

8.3.3　稳健性检验

单一的简单加权平均会导致计算结果差异，本章参照杨汝岱（2016）计算全要素生产率的方法，以农业企业产品销售收入作为权重，测度企业全要素生产率指数、技术效率指数和技术进步指数，结果如表 8-6 所示。从表 8-6 整体来看，尽管数值有所变化，所得到的基本结论未发生变化。总的来看，农业出口企业的全要素生产率呈增长态势，并且出口企业全要素生产率的增长率大于未出口企业。从行业来看，粮食类、其他类出口企业的全要素生产率的增长率均大于未出口企业，畜牧类出口企业全要素生产率的增长率小于未出口企业。从企业性质来看，集体类出口企业全要素生产率的增长率大于未出口企业，外资类、民营类出口企业全要素生产率的增长率均小于未出口企业。

表 8 – 6   基于加权平均法计算的农业龙头企业
全要素生产率分解与企业出口

项目		出口企业			未出口企业		
		TEC	TC	TFPC	TEC	TC	TFPC
总体		0.998	1.005	1.003	0.999	0.985	0.984
行业	粮食类	0.998	1.019	1.017	0.996	0.981	0.977
	畜牧类	0.991	0.994	0.984	1.007	0.990	0.997
	其他类	1.007	0.992	0.999	0.998	0.987	0.985
企业性质	集体	1.003	1.023	1.026	1.001	0.996	0.997
	民营	0.992	0.988	0.980	0.999	0.982	0.981
	外资	1.002	0.985	0.986	1.002	0.992	0.994

8.4 研究小结

本章利用 2016～2017 年国家级农业龙头企业数据，采用 SFA – Malmquist 方法对中国农业出口企业全要素生产率进行分解及比较，得到以下结论。

（1）中国农业全要素生产率呈负增长趋势，且农业出口企业全要素生产率的增长率小于未出口企业，农业企业技术进步率均呈现出下降趋势，但导致中国农业全要素生产率变化的根本原因在于企业技术效率的变化。

（2）粮食类、畜牧类农业出口企业全要素生产率增长率均小于未出口企业，集体类、外资类农业出口企业全要素生产率增长率均大于未出口企业，民营类农业出口企业全要素生产率增长率小于未出口企业。

（3）东部、西部地区农业出口企业全要素生产率增长率小于未出口企业，中部地区农业出口企业全要素生产率增长率大于未出口企业；中部地区农业出口企业与未出口企业全要素生产率指数、技术效率指数和技术进步指数间的差距最小。

第9章

结论与建议

9.1 基本结论

9.1.1 外部经济影响农业企业绩效

影响农业龙头企业绩效的主要因素为企业自身投入，其中资产总额对其绩效的影响最大。地理位置对农业龙头企业绩效的影响显著，本书中地理位置主要通过企业所在地区和所在城市的差异来体现。企业所在地区的差异使得东部和中部地区农业龙头企业的绩效分别比西部地区高 12.75% 和 43.33%；企业所在城市的差异使得省会城市农业龙头企业的绩效比非省会城市高 24.61%；位于东部和中部地区省会城市的农业龙头企业的绩效低于非省会城市，西部地区则相反。另外，地理位置对不同性质的农业龙头企业绩效的影响不同。

企业所在地区对农业龙头企业绩效的影响显著。由于企业所在地区的差异，位于东部和中部地区的农业龙头企业绩效高于其他地区，但是东部地区与中部地区和企业所在城市所形成的交互项降低了这一影响，东部和中部地区非省会城市对农业龙头企业绩效的影响大于省会城市。

企业所在城市对农业龙头企业绩效的影响具有促进作用。由于企业所在城市的差异，省会城市的农业龙头企业绩效高于非省会城市，但东部和西部地区与之相反，由此推断，西部地区省会城市对农业龙头企业绩效的影响大于非省会城市。

从企业性质来看，除东部地区国有农业龙头企业外，企业所在地区对各类型农业龙头企业的影响显著；企业所在地区对中部和西部地区农业龙头企业绩效的影响大于对东部地区农业龙头企业绩效的影响。企业所在地区对外资农业龙头企业绩效的影响大于民营和国有农业龙头企业。

从对农业龙头企业绩效增长的影响来看，企业所在城市对其绩效增长的影响依然为正，但东部地区省会城市对其绩效增长的影响为负，外资农业龙头企业位于东部和中部地区更加有利于促进其绩效增长。

9.1.2　研发投入显著影响农业企业出口

研发投入对农业企业出口与否和出口额的影响均显著，但对两者的作用方向不同。研发投入增加可以使得农业企业出口的可能性增加；但对已出口的农业企业来说，研发投入对其出口额的影响为负。对不论是研发投入还是研发密集度所形成的回归方程而言，研发投入对农业企业出口影响的结论并没有改变。针对民营企业，就研发投入对其出口的影响进行分析，同样证实了上述结论。可见，研发投入增加仅仅增加了出口农业企业的数量，并没有增加已经出口企业的出口额。

9.1.3　中国农业企业依然存在"出口—生产率悖论"

中国农业企业存在"出口—生产率悖论"，为中国企业存在"出口—生产率悖论"提供了新的例证。但农业出口企业生产率均值与未出口企业差异不大。从不同行业来说，畜牧类出口企业生产率高于未出口企业，粮食类、水果蔬类和其他类企业存在"出口—生产率悖论。从不同企业性质来说,外资企业的存在加剧了中国农业企业"出口—生产率悖论"的形成,但外资企业的存在不是中国农业企业存在"出口—生产率悖论"的主要原因。从不同地区来说,东部和中部地区农业企业存在"出口—生产率悖论",西部地区农业企业在不同年份企业出口与生产率之间的关系有差异。

不同于工业部门,加工贸易企业不能成为中国农业企业存在"出口—生产率悖论"的主要成因,在农业企业中,加工贸易企业几乎不存在。市场定位、出口密集度和要素密集度成为中国农业企业存在"出口—生产率悖论"的关键因素,农业企业出口密集度越高,中国农业企业存在"出口—生产率悖论"的可能性越大;要素密集度对中国农业企业是否存在"出口—生产率悖论"的影响为正;市场定位与中国农业企业"出口—生产率悖论"变动的方向相反。整体来看,市场分割对中国农业企业存在"出口—生产率悖论"的影响并不明显,但市场分割促进了低生产率农业企业出口,因而,市场分割加剧了中国农业企业"出口—生产率悖论"的形成。

9.1.4 全要素生产率差异

整体来看,2013~2015 年中国各地全要素生产率变动幅度不大。

从各省份来看,农业全要素生产率差异较为明显,东部地区农业全要素生产率高于中部和西部地区,但各省份农业附加值与农业全要素生产率大小并不匹配,两者并未呈现出一致性变动趋势。粮食类、果蔬类等主产省份,农业全要素生产率并不高;而畜牧类等主产省份企业全要素生产率呈现出匹配。

从影响中国农业企业全要素生产率的因素来看,研发投入、要素密集度和企业规模对中国农业企业全要素生产率的影响为正,企业出口并未对农业企业生产率起到推动作用。

9.1.5 农业出口企业与未出口企业的生产率比较

第一，中国农业全要素生产率呈负增长趋势，并且农业出口企业全要素生产率的增长率小于未出口企业的增长率。第二，粮食类、畜牧类出口企业全要素生产率的增长率均小于未出口企业；民营农业出口企业全要素生产率的增长率小于同类型的未出口企业；东部、西部地区出口企业全要素生产率的增长率小于未出口企业。第三，技术效率恶化可能是中国农业企业全要素生产率下降的重要原因。相比农业未出口企业而言，提高企业技术效率更能促进农业出口企业全要素生产率的提升。

9.2 政策建议

本书从两个层面提出对农业企业发展的政策建议：一是国家层面，着重于交通运输设施建设、制定优惠政策、鼓励企业出口等；二是企业层面，着重于企业加强研发投入、提高自身发展能力和"引""育"并举企业人才。

9.2.1 国家层面的政策建议

首先，加快交通设施建设，减少各类地方保护。区域贸易成本仍是阻碍区域贸易的主要因素，应加强区域间交通干线和区域内基础交通网建设。交通网络的逐步完善、通达度的提高，可进一步缩小区域间和区域内贸易成本。同时，应降低各地区的地方保护。尽管中国各地区市场在整合，但国内市场分割依然存在，应减弱中国各地区市场分割，致力于建立国内一体化的市场，减少市场分割对省际农产品贸易的障碍，更有利于农产品国内流通和对外贸易的发展。

其次，鼓励农业企业参与国际竞争。促使企业生产率的普遍提高和协同发展，既是企业在国际市场上应对贸易壁垒的重要举措，也是中国农业提升竞争力、实现长远发展的根本途径，农业企业更应该把"出口市场多元化"战略落到实处，开辟新市场，跨越贸易壁垒。强化进出口及投资政策引导，支持龙头企业熟悉国际商贸和投资规则，推动产品、装备、技术、标准、服务"走出去"，提高我国农业国际竞争力和影响力。引导头部龙头企业统筹利用国内国际两个市场、两种资源，在全球农业重要领域布局育种研发、加工转化、仓储物流、港口码头等设施，融入全球农产品供应链，提高对关键行业的产能、技术掌控能力。

最后，制定相关优惠政策，支持农业龙头企业做大做强。政府应继续加大对农业龙头企业的扶持力度，给予农业企业财政、金融等政策扶持，更重要的是给予其信贷和资金扶持，鼓励担保机构为农业企业提供担保，扩大金融机构对农业企业的信贷规模，缓解农业企业融资难问题。支持龙头企业参与重点项目建设，项目资金向联农带农效果明显的龙头企业倾斜。鼓励有条件的地方按市场化方式设立乡村产业发展基金，加大对创新实力较强的龙头企业的支持力度。支持龙头企业参与农业全产业链标准制定，培育一批农业企业标准"领跑者"。出台相应的激励政策支持企业技术创新，扶持更多的农业企业进入国际化平台。

9.2.2　企业层面的政策建议

首先，企业需加强研发投入。农业企业要合理配置现有资金、项目资源，自主建立高水平研发机构，或与农业科研院所、高等院校联合组建高水平研发机构；应不断加大研发投入量进行产品自主创新，而不是直接引进国外现有的技术，主要体现在农业机械设备和农业种子培育方面；应加强与高校、科研院所等机构的合作力度，根据企业自身发展需要和国内外市场需求，创新农产品品种、提升农产品品质，不断增强农产品市场竞争力。

其次，企业应提高自身发展能力，提高农业龙头企业绩效。在实际调研过程中，龙头企业普遍反映的问题是"贷款难""用地没有保障政策""想发展没有资金扶持"。龙头企业应该更注重自身能力的提高。一是培养优秀企业家。目前我国农业龙头企业大多面临创业一代年龄偏大、二代不愿接班的困境。企业家应具备前瞻性，即能够观察到社会经济变化，对企业发展前景进行预判；创新性，即依靠科研投入，提高产品竞争力。二是提高企业管理能力和运营能力。在企业现有资源禀赋的条件下，主要通过构建完善的经营管理制度，创新企业经营管理模式，建设农业企业文化，促进企业运营效率提升。三是增强与农户、消费者的密切关系。进一步巩固和稳定"公司＋农户""公司＋农民合作社＋农户"等组织形式，鼓励农户以土地经营权、劳动力、资金、设施等要素，直接或间接入股龙头企业，在保障农户基本权益的基础上，建立精准评估、风险共担、利益共享的合作机制。企业通过市场调研，了解消费者需求特征及变化，根据市场需求安排生产。

最后，企业人才要坚持"引""育"并举。建设人才队伍，要调动好高校和企业的积极性，实现产学研深度融合。构建"政府支持、企业主导、多方参与"的育才和用才新机制，由政府搭建平台，高校和企业联合，双方人才联合。支持科研院所、高等院校等机构的科研人员到龙头企业开展科技创业，完善知识产权入股、参与分红等激励机制。鼓励和支持农业龙头企业与高校院所合作建立研发机构，企业建设重点实验室、工程中心、企业研究院等，鼓励企业承担重大科研项目，提升企业对研发类人才的承载能力。农业企业还应重视劳动力质量的提升，农业企业中的工人多为农村劳动力，应加强对劳动力的专业技术培训，不断提高劳动力素质，提升劳动生产效率，进而提升农业企业的竞争力。

参 考 文 献

［1］安虎森，皮亚彬，薄文广．市场规模、贸易成本与出口企业生产率"悖论"［J］．财经研究，2013，39（5）：41-50．

［2］蔡庆丰，江逸舟．公司地理位置影响其现金股利政策吗?［J］．财经研究，2013（7）：38-48．

［3］曹泽．基于R&D类型的中国区域TFP影响要素实证研究［J］．科学学与科学技术管理，2011，32（3）：98-103．

［4］曾萍，吕迪伟．生产率对民营企业出口的影响：基于制度环境与融资约束的调节作用［J］．国际贸易问题，2014（12）：114-124．

［5］陈俊聪，王怀明，张瑾．农业保险发展与中国农业全要素生产率增长研究［J］．农村经济，2016（3）：83-88．

［6］陈新达，徐雪高，张照新．农业产业化龙头企业社会责任评价的指标权重确定方法［J］．现代管理科学，2014（8）：93-95．

［7］戴觅，余淼杰，Madhura Maitra．中国出口企业生产率之谜：加工贸易的作用［J］．经济学（季刊），2014，13（2）：675-698．

［8］戴觅，余淼杰．企业出口前研发投入、出口及生产率进步——来自中国制造业企业的证据［J］．经济学（季刊），2012，11（1）：211-230．

［9］邓晓兰，鄢伟波．农村基础设施对农业全要素生产率的影响研究［J］．财贸研究，2018，29（4）：36-45．

［10］范剑勇，冯猛．中国制造业出口企业生产率悖论之谜：基于出口密度差别上的检验［J］．管理世界，2013（8）：16-29．

［11］范丽霞，李谷成．全要素生产率及其在农业领域的研究进展 ［J］．当代经济科学，2012，34（1）：109 – 119，128．

［12］方福前，张艳丽．中国农业全要素生产率的变化及其影响因素分析——基于1991—2008 年 Malmquist 指数方法 ［J］．经济理论与经济管理，2010（9）：5 – 12．

［13］付明辉，祁春节．要素禀赋、技术进步偏向与农业全要素生产率增长——基于28 个国家的比较分析 ［J］．中国农村经济，2016（12）：76 – 90．

［14］高帆．我国区域农业全要素生产率的演变趋势与影响因素——基于省际面板数据的实证分析 ［J］．数量经济技术经济研究，2015（5）：3 – 16．

［15］高艺，廖秋敏，陈玲．中国稀土企业出口存在生产率悖论吗？——来自微观企业层面的证据 ［J］．江西理工大学学报，2020，41（6）：41 – 51．

［16］郭萍，余康，黄玉．中国农业全要素生产率地区差异的变动与分解——基于 Fare – Primont 生产率指数的研究 ［J］．经济地理，2013，33（2）：141 – 145．

［17］郭熙保，徐淑芳．经济发展的制度决定论与地理决定论述评 ［J］．经济学动态，2015（2）：80 – 85．

［18］韩振，杨春，赵馨馨．生态补奖机制下牧区肉羊养殖全要素生产率分析 ［J］．农业技术经济，2019（11）：116 – 126．

［19］胡春阳，余泳泽．政府补助与企业全要素生产率——对 U 型效应的理论解释及实证分析 ［J］．财政研究，2019（6）：72 – 85．

［20］胡吉祥，童英，陈玉宇．国有企业上市对绩效的影响：一种处理效应方法 ［J］．经济学（季刊），2011（3）：965 – 988．

［21］霍伟东，王明彬．中国出口企业"生产率悖论"的比较检验与修正 ［J］．财经科学，2015（9）：120 – 131．

［22］贾伟，秦富．杠杆效应对农业企业成长的影响 ［J］．华南农业

大学学报（社会科学版），2013（3）：1 – 7.

[23] 贾伟，秦富. 农业龙头企业绩效影响因素的实证分析——基于董事长和总经理合职与分离的角度 [J]. 中国农业大学学报（自然科学版），2013（5）：181 – 188.

[24] 贾伟，秦富. 中国省份地方保护测度及其影响因素分析 [J]. 当代经济科学，2014，36（5）：10 – 17，124.

[25] 江彬. 研发投入与高新技术企业出口关系分析——基于浙江省市两级数据的实证研究 [J]. 科技管理研究，2014，34（3）：78 – 81.

[26] 姜长云. 农业产业化龙头企业在促进农村产业融合中的作用 [J]. 农业经济与管理，2017（2）：5 – 10.

[27] 康华，王鲁平，杨柳青. 民营上市公司政治关系对研发活动的影响研究 [J]. 科研管理，2013（8）：9 – 16.

[28] 李宾. 国内研发阻碍了我国全要素生产率的提高吗？[J]. 科学学研究，2010，28（7）：1035 – 1042，1059.

[29] 李炳坤. 发展现代农业与龙头企业的历史责任 [J]. 农业经济问题，2006（9）：4 – 8，79.

[30] 李春顶，石晓军，邢春冰. "出口—生产率悖论"：对中国经验的进一步考察 [J]. 经济学动态，2010（8）：90 – 95.

[31] 李春顶，尹翔硕. 我国出口企业的"生产率悖论"及其解释 [J]. 财贸经济，2009（11）：84 – 90，111，137.

[32] 李春顶. 中国出口企业是否存在"生产率悖论"：基于中国制造业企业数据的检验 [J]. 世界经济，2010（7）：64 – 81.

[33] 李春顶. 中国企业"出口—生产率悖论"研究综述 [J]. 世界经济，2015，38（5）：148 – 175.

[34] 李果. 我国减税政策对全要素生产率影响的效应分析 [D]. 昆明：云南财经大学，2019.

[35] 李桦，姚顺波，郭亚军. 不同退耕规模农户农业全要素生产率增长的实证分析——基于黄土高原农户调查数据 [J]. 中国农村经济，

2011 (10): 36 - 43, 51.

[36] 李建萍, 辛大楞. 异质性企业多元出口与生产率关系视角下的贸易利益研究 [J]. 世界经济, 2019, 42 (9): 52 - 75.

[37] 李建萍, 张乃丽. 比较优势、异质性企业与出口"生产率悖论"——基于对中国制造业上市企业的分析 [J]. 国际贸易问题, 2014 (6): 3 - 13.

[38] 李静, 孟令杰. 中国农业生产率的变动与分解分析: 1978 ~ 2004 年——基于非参数的 HMB 生产率指数的实证研究 [J]. 数量经济技术经济研究, 2006 (5): 11 - 19.

[39] 李善同, 侯永志, 刘云中, 陈波. 中国国内地方保护问题的调查与分析 [J]. 经济研究, 2004 (11): 78 - 84, 95.

[40] 李尚骜, 陈继勇, 李卓. 干中学、过度投资和 R&D 对人力资本积累的"侵蚀效应" [J]. 经济研究, 2011, 46 (6): 57 - 67.

[41] 李士梅, 尹希文. 中国农村劳动力转移对农业全要素生产率的影响分析 [J]. 农业技术经济, 2017 (9): 4 - 13.

[42] 李小平, 卢现祥, 朱钟棣. 国际贸易、技术进步和中国工业行业的生产率增长 [J]. 经济学 (季刊), 2008 (2): 549 - 564.

[43] 李小平, 朱钟棣. 国际贸易、R&D 溢出和生产率增长 [J]. 经济研究, 2006 (2): 31 - 43.

[44] 梁会君, 史长宽. 中国制造业出口"生产率悖论"的行业分异性研究 [J]. 山西财经大学学报, 2014, 36 (7): 59 - 69.

[45] 林万龙, 张莉琴. 农业产业化龙头企业政府财税补贴政策效率: 基于农业上市公司的案例研究 [J]. 中国农村经济, 2004 (10): 33 - 40.

[46] 刘峰, 刘晴. 外资工业企业出口行为与研发的非线性关系解析——基于研发投入内生异质性的视角 [J]. 国际贸易问题, 2015 (8): 94 - 103, 144.

[47] 刘海云, 田敏. 研发投入、生产率及企业出口竞争力 [J]. 中国科技论坛, 2013 (4): 54 - 58.

[48] 刘克春，张明林，包丽. 多元化非农经营战略对农业龙头企业产出绩效影响的实证分析：基于江西省农业龙头企业的经验数据 [J]. 中国农村经济，2011（12）：25-34.

[49] 刘晴，张燕，张先锋. 为何高出口密集度企业的生产率更低？——基于固定成本异质性视角的解释 [J]. 管理世界，2014（10）：47-56，187.

[50] 刘晓云，应瑞瑶，李明. 新业务、多元化与公司绩效——基于农业上市公司与非农业上市公司的比较 [J]. 中国农村经济，2013（6）：60-73.

[51] 刘晔，林陈聃. 研发费用加计扣除政策与企业全要素生产率 [J]. 科学学研究，2021，39（10）：1790-1802.

[52] 刘志彪，张杰. 我国本土制造业企业出口决定因素的实证分析 [J]. 经济研究，2009，44（8）：99-112，159.

[53] 刘志强，陶攀. 研发强度、集聚经济与企业生产率 [J]. 重庆大学学报（社会科版），2013，19（6）：15-23.

[54] 鲁晓东，连玉君. 中国工业企业全要素生产率估计：1999—2007 [J]. 经济学（季刊），2012，11（2）：541-558.

[55] 罗长远，张泽新. 出口和研发活动的互补性及其对生产率的影响——来自中国上市企业的证据 [J]. 数量经济技术经济研究，2020，37（7）：134-154.

[56] 马述忠，郑博文. 中国企业出口行为与生产率关系的历史回溯：2001—2007 [J]. 浙江大学学报（人文社会科学版），2010，40（5）：144-153.

[57] 孟金卓. 农业科研公共投入对于农业生产率增长的贡献研究 [J]. 科技管理研究，2012，32（18）：40-44.

[58] 米建伟，梁勤，马骅. 我国农业全要素生产率的变化及其与公共投资的关系——基于1984—2002年分省份面板数据的实证分析 [J]. 农业技术经济，2009（3）：4-16.

[59] 聂文星，朱丽霞．企业生产率对出口贸易的影响——演化视角下"生产率悖论"分析 [J]．国际贸易问题，2013（12）：24-35.

[60] 潘丹，应瑞瑶．中国农业全要素生产率增长的时空变异：基于文献的再研究 [J]．经济地理，2012（7）：113-117.

[61] 彭中文．我国高新技术 R&D 投资与其产品国际竞争力研究[J]．统计与决策，2006（7）：91-92.

[62] 钱学锋，王菊蓉，黄云湖，王胜．出口与中国工业企业的生产率——自我选择效应还是出口学习效应？[J]．数量经济技术经济研究，2011，28（2）：37-51.

[63] 全炯振．中国农业全要素生产率增长的实证分析：1978~2007年——基于随机前沿分析（SFA）方法 [J]．中国农村经济，2009（9）：4-15.

[64] 桑瑞聪，韩超，李秀珍．出口市场竞争如何影响企业生产率——基于产品配置视角的分析 [J]．产业经济研究，2018（5）：41-53.

[65] 盛丹，包群，王永进．基础设施对中国企业出口行为的影响："集约边际"还是"扩展边际" [J]．世界经济，2011，34（1）：17-36.

[66] 盛丹．地区行政垄断与我国企业出口的"生产率悖论" [J]．产业经济研究，2013（4）：70-80.

[67] 石慧，孟令杰．中国省际间农业全要素生产率差距影响因素分析 [J]．南京农业大学学报（社会科学版），2007（2）：28-34，56.

[68] 石慧，王怀明，孟令杰．我国地区农业 TFP 差距趋势研究 [J]．农业技术经济，2008（3）：25-31.

[69] 司伟，王济民．中国大豆生产全要素生产率及其变化 [J]．中国农村经济，2011（10）：16-25.

[70] 宋海英，刘荣茂．农村中小企业发展的地区差异——基于产业集聚角度的实证分析 [J]．中国农村经济，2007（5）：71-77.

[71] 苏振东，洪玉娟，刘璐瑶．政府生产性补贴是否促进了中国企业出口？——基于制造业企业面板数据的微观计量分析 [J]．管理世界，

2012（5）：24 –42，187.

[72] 孙楚仁，陈瑾，徐丽鹤. 新火致新茶——检验中国制造业企业"出口生产率悖论"的新方法和新结果 [J]. 世界经济文汇，2021（5）：1 –16.

[73] 孙晓华，王昀. R&D 投资与企业生产率——基于中国工业企业微观数据的 PSM 分析 [J]. 科研管理，2014，35（11）：92 –99.

[74] 孙早，刘庆岩. 地理差异、战略约束与民营企业的发展绩效——一个基于浙江与陕西经验的比较分析 [J]. 当代经济科学，2004（5）：1 –8.

[75] 谭亮，李传昭. 微观视角审视电子企业竞争力及研发投入——基于"百强企业"的扩展 CES 模型应用 [J]. 软科学，2010，24（7）：37 –42.

[76] 汤二子，刘海洋. 中国出口企业的"生产率悖论"与"生产率陷阱"——基于2008 年中国制造业企业数据实证分析 [J]. 国际贸易问题，2011（9）：34 –47.

[77] 汤二子，孙振. 研发对企业出口贸易的影响研究 [J]. 研究与发展管理，2012，24（6）：87 –95.

[78] 汤二子. 中国企业"出口—生产率悖论"：理论裂变与检验重塑 [J]. 管理世界，2017（2）：30 –42，187.

[79] 唐宜红，林发勤. 异质性企业贸易模型对中国企业出口的适用性检验 [J]. 南开经济研究，2009（6）：88 –99.

[80] 陶攀，刘青，洪俊杰. 贸易方式与企业出口决定 [J]. 国际贸易问题，2014（4）：33 –45.

[81] 万伦来，马娇娇，朱湖根. 中国农业产业化经营组织模式与龙头企业技术效率——来自安徽农业综合开发产业化经营龙头企业的经验证据 [J]. 中国农村经济，2010（10）：27 –35.

[82] 王聪，李晓庆. 出口竞争与国有企业生产率 [J]. 产业经济评论，2021（4）：23 –51.

［83］王建明 . 农业财政投资对经济增长作用的研究——兼论农业科研投资的作用与效果［J］. 农业技术经济，2010（2）：41 - 49.

［84］王建明 . 中国农业科研投资与农业经济增长的互动关系研究［J］. 农业技术经济，2009（1）：103 - 109.

［85］王珏，宋文飞，韩先锋 . 中国地区农业全要素生产率及其影响因素的空间计量分析——基于 1992～2007 年省域空间面板数据［J］. 中国农村经济，2010（8）：24 - 35.

［86］王茜，秦富 . 农业产业化龙头企业的生产效率分析——基于 DEA 模型［J］. 技术经济，2009（3）：53 - 57.

［87］王怡，王玉，曹利军 . 基于贸易中介视角对出口企业生产率悖论的再探讨［J］. 中国科技论坛，2019（3）：98 - 106.

［88］王永进，刘卉 . 企业专利申请、出口与生产率动态［J］. 世界经济，2021（6）：123 - 150.

［89］吴延兵 . R&D 与生产率——基于中国制造业的实证研究［J］. 经济研究，2006（11）：60 - 71.

［90］吴延兵 . 中国工业 R&D 产出弹性测算（1993—2002）［J］. 经济学（季刊），2008（3）：869 - 890.

［91］夏良科 . 人力资本与 R&D 如何影响全要素生产率——基于中国大中型工业企业的经验分析［J］. 数量经济技术经济研究，2010，27（4）：78 - 94.

［92］谢晓霞 . 河南省农业全要素生产率研究［D］. 开封：河南大学，2012.

［93］熊彼特 . 资本主义，社会主义和民主主义［M］. 北京：商务印书馆，1979.

［94］徐雪高，张照新 . 农业产业化龙头企业要积极履行社会责任［J］. 农业科技与信息，2013（23）：34 - 35.

［95］闫志俊，于津平 . 政府补贴与企业全要素生产率——基于新兴产业和传统制造业的对比分析［J］. 产业经济研究，2017（1）：1 - 13.

[96] 晏涛. 研发创新推动了中国企业出口吗？——基于"扩展边际"与"集约边际"的实证检验 [J]. 中南财经政法大学学报, 2013 (6): 103 –110, 160.

[97] 杨波. 中国 R&D 投入与高新技术产品出口的相关性分析 [J]. 科学管理研究, 2006 (4): 99 –102.

[98] 杨刚, 杨孟禹. 中国农业全要素生产率的空间关联效应——基于静态与动态空间面板模型的实证研究 [J]. 经济地理, 2013, 33 (11): 122 –129.

[99] 杨汝岱. 中国制造业企业全要素生产率研究 [J]. 经济研究, 2015, 50 (2): 61 –74.

[100] 杨勇, 袁卓. 技术创新与新创企业生产率——来自 VC/PE 支持企业的证据 [J]. 管理工程学报, 2014, 28 (1): 56 –64.

[101] 叶蓁. 中国出口企业凭什么拥有了较高的生产率？——来自江苏省的证据 [J]. 财贸经济, 2010 (5): 77 –81, 136.

[102] 易靖韬, 傅佳莎. 企业生产率与出口：浙江省企业层面的证据 [J]. 世界经济, 2011, 34 (5): 74 –92.

[103] 尹朝静, 李谷成, 范丽霞, 高雪. 气候变化、科技存量与农业生产率增长 [J]. 中国农村经济, 2016 (5): 16 –28.

[104] 尹恒, 柳荻. 理解 R&D 投入回报之谜：引入不确定性、非线性和企业异质性 [J]. 财经研究, 2016, 42 (9): 121 –132.

[105] 尹雷, 沈毅. 农村金融发展对中国农业全要素生产率的影响：是技术进步还是技术效率——基于省级动态面板数据的 GMM 估计 [J]. 财贸研究, 2014 (2): 32 –40.

[106] 应瑞瑶. 潘丹. 中国农业全要素生产率测算结果的差异性研究——基于 Meta 回归分析方法 [J] 中国农村经济, 2012 (3): 47 –54.

[107] 余淼杰. 加工贸易、企业生产率和关税减免——来自中国产品面的证据 [J]. 经济学 (季刊), 2011, 10 (4): 1251 –1280.

[108] 张海洋. R&D 两面性、外资活动与中国工业生产率增长 [J].

经济研究, 2005 (5): 107 – 117.

[109] 张杰, 李勇, 刘志彪. 出口与中国本土企业生产率——基于江苏制造业企业的实证分析 [J]. 管理世界, 2008 (11): 50 – 64.

[110] 张杰, 刘志彪, 季新野. 转型背景下中国本土企业的出口与创新——基于江苏地区制造业企业的实证研究 [J]. 财贸经济, 2008 (6): 73 – 78.

[111] 张杰, 刘志彪, 张少军. 制度扭曲与中国本土企业的出口扩张 [J]. 世界经济, 2008 (10): 3 – 11.

[112] 张坤, 侯维忠, 刘璐. 中国企业存在 "出口—生产率悖论" 吗? ——基于不同贸易状态的比较分析 [J]. 产业经济研究, 2016 (1): 30 – 39.

[113] 张乐, 曹静. 中国农业全要素生产率增长: 配置效率变化的引入——基于随机前沿生产函数法的实证分析 [J]. 中国农村经济, 2013 (3): 4 – 15.

[114] 张丽, 刘铁斌, 刘玉海. 中国出口企业的生产率优势及其来源识别 [J]. 经济与管理研究, 2021, 42 (5): 68 – 84.

[115] 张利国, 鲍丙飞. 我国粮食主产区粮食全要素生产率时空演变及驱动因素 [J]. 经济地理, 2016, 36 (3): 147 – 152.

[116] 张艳, 唐宜红, 李兵. 中国出口企业 "生产率悖论" ——基于国内市场分割的解释 [J]. 国际贸易问题, 2014 (10): 23 – 33.

[117] 赵文, 程杰. 中国农业全要素生产率的重新考察——对基础数据的修正和两种方法的比较 [J] 中国农村经济, 2011 (10): 4 – 15.

[118] 赵玉奇, 柯善咨. 市场分割、出口企业的生产率准入门槛与 "中国制造" [J]. 世界经济, 2016, 39 (9): 74 – 98.

[119] 赵忠秀, 吕智. 企业出口影响因素的研究述评——基于异质性企业贸易理论的视角 [J]. 国际贸易问题, 2009 (9): 123 – 128.

[120] 中国农业科学院战略研究中心, 中国农业科学院农业经济与发展研究所. 2021 中国涉农企业创新报告 [R]. 农学学报, 2021, 11 (12).

[121] 朱惠，郭友群. 研发投入与我国高新技术产品出口关系的实证分析 [J]. 企业经济，2011，30（8）：108－110.

[122] 朱平芳，李磊. 两种技术引进方式的直接效应研究——上海市大中型工业企业的微观实证 [J]. 经济研究，2006（3）：90－102.

[123] 朱希伟，金祥荣，罗德明. 国内市场分割与中国的出口贸易扩张 [J]. 经济研究，2005（12）：68－76.

[124] 朱喜，史清华，盖庆恩. 要素配置扭曲与农业全要素生产率 [J]. 经济研究，2011，46（5）：86－98.

[125] Aigner D, Lovell C A K, Schmidt P. Formulation and Estimation of Stochastic Frontier Production Function Models [J]. Journal of Econometrics, 1977, 6 (1): 21－37, 59.

[126] Aw B Y, A R Hwang. Productivity and the Export Market: A Firm-level Analysis [J]. Journal of Development Economics, 2004, 47 (2): 313－332.

[127] Aw B Y, Roberts M J, Winston T. The Complementary Role of Exports and R&D Investment as Sources of Productivity Growth [R]. NBER Working Papers 2005, No. 11774.

[128] Baldwin J R, Gu W. Trade Liberalisation: Export-market Participation, Productivity Growth and Innovation [J]. Oxford Review of Economic Policy, 2004 (20).

[129] Barrios S, Gorg H, Strobl E. Explaining Firms, Export Behaviour: R&D, Spillovers and the Destination Market [J]. Oxford Bulletin of Economics and Statistics, 2003, 65 (4): 475－496.

[130] Battese G E, Coelli T J. A Model for Technical Inefficiency Effects in a Stochastic Frontier Production Function for Panel Data [J]. Empirical Economics, 1995, 20 (2): 325－332.

[131] Bernard A B, Jensen J B. Exceptional Exporter Performance: Cause, Effect, or Both [J]. Journal of International Economics, 1999, 47:

1 – 25.

[132] Bernard A B, Jensen J B. Exporters, Jobs, and Wages in U. S. Manufacturing: 1976 ~ 1987 [J]. Brookings Pages on Economic Activity, Microeconomics, 1995: 67 – 119.

[133] Bernard A B, Wagner J. Exports and Success in German Manufacturing [J]. Weltwirtschaftaliches Archiv, 1997, 133 (1): 134 – 157.

[134] Bleaney M, Wakelin K. Efficiency, Innovation and Exports [J]. Oxford Bulletin of Economics and Statistics, 2002, 64 (1): 3 – 15.

[135] Castellani D. Export Behavior and Productivity Growth: Evidence from Italian Manufacturing Firms [J]. Weltwirtschaftaliches Archiv, 2002, 138 (4): 605 – 628.

[136] Clerides S K, lach S, J R Tybout. Is Learning by Exporting Important? Micro-dynamic Evidence from Colombie, Mexico and Morocco [J]. Quarterly Journal of Economics, 1998, 113 (3): 903 – 947.

[137] Coelli T J, Prasada Rao D S. Total Factor Productivity Growth in Agriculture: A Malmquist Index Analysis of 93 Countries, 1980 – 2000 [J]. Agricultural Economics, 2005, 32 (sl): 115 – 134.

[138] Cohen W, D Levinthao. Innovation and Learning: The Two Faces of R&D [J]. Economic Journal, 1989 (99).

[139] Constantini J A, Melitz M J. The Dynamics of Firm-Level Adjustment to Trade Liberalization [J]. In E Helpman, D Marin, T Verdier. The Organization of Firms in a Global Economy [M]. Cambridge: Harvard University Press, Chapter 4, 2008.

[140] Crépon B, Duguet E, Mairesse J. Research, Innovation, and Productivity: An Econometric Analysis at the Firm Level [J]. Economics of Innovation and New Technology, 1998, 7 (2): 115 – 158.

[141] Dai M, M Maitra, M Yu. Unexceptional Exporter Performance in China? The Role of Processing Trade [J]. Journal of Development Economics,

2016, 121: 177 – 189.

[142] Delpachitra S, Van Dai P. The Determinants of TFP Growth in Middle Income Economies in ASEAN: Implication of Financial Crises [J]. International Journal of Business and Economics, 2012, 11 (1): 63.

[143] Denison E F, Poullier J P. Why Growth Rates Differ: Postwar Experience in Nine Western Countries [M]. Washington, DC: Brookings Institution, 1967.

[144] Diamond J M. Guns, Germs, and Steel: The Fates of Human Societies [M]. New York: W. W. Norton, 1997.

[145] G Steven Olley, Ariel Pakes. The Dynamics of Productivity in the Telecommunications Equipment Industry [J]. Econometrica, 1996, 64 (6): 1263 – 1297.

[146] Girma S, Gorg H, Hanley A. R&D and Exporting: A Comparison of British and Irish Firms [J]. Review of World Economics, 2008, 114 (4): 750 – 773.

[147] Greenaway D, J Gullstrand, R Kneller. Exporting May Not Always Boost Firm Productivity [J]. Review of World Economics, 2005, 141 (4): 561 – 582.

[148] Griliches Z. Research Expenditures, Education and Aggregate Production Function [J]. American Economic Review, 1964, 54 (6): 961 – 974.

[149] Gropper D, Jahera J, Park J. Does It Help to Have Friends in High Places? Bank Stock Performance and Congressional Committee Chairmanship [J]. Journal of Banking & Finance, 2013, 37 (6): 1986 – 1999.

[150] Grossman G, Helpman E. Innovation and Growth in the Global Economy [M]. Gambridge: MIT Press, 1995.

[151] Hall B H, Mairesse J. Exploring the Relationship between R&D and Productivity in French Manufacturing Firms [J]. Journal of Econometrics, 1995, 65 (1): 263 – 293.

［152］Heckman. Sample Selection Bias as a Specification Error ［J］. Econometrica, 1979, 47（1）: 153 - 161.

［153］Kim C, Pantzalis C, Park J. Political Geography and Stock Returns: The Value and Risk Implications of Proximity to Political Power ［J］. Journal of Financial Economics, 2012, 106（1）: 196 - 228.

［154］Kraay A. Exports and Economic Performance: Evidence from A Panel of Chinese Enterprises ［J］. Revue d' Economic Du Developpement, 1999（1）: 183 - 207.

［155］Louhran T Schultz. Liuidity: Urban versus Rural Firms ［J］. Journal of Financial Economics, 2005, 78（2）: 341 - 374.

［156］Lu J Y, Y Lu, Z G Tao. Exporting Behavior of Foreign Affiliates: Theory and Evidence ［J］. Journal of International Economics, 2010, 81（2）: 197 - 205.

［157］Melitz M J. The Impact of Trade on Intra - Industry Reallocations and Aggregate Industry Productivity ［J］. Econometrica, 2003, 71（6）: 1695 - 1725.

［158］Mowery D C, Oxley J E. Inward Technology Transfer and Competitiveness: The Role of National In-novation System ［J］. Cambridge Journal of Economics, 1995（19）: 67 - 93.

［159］Poncet Sandra. Measuring Chinese Domestic and International Integration ［J］. China Economic Review, 2003, 14（1）: 1 - 21.

［160］Robert Merton Solow. Technical Changeand and The Aggregate Production Function ［J］. Review of Economics & Statistics, 1957, 39（3）.

［161］Sachs J, Warner A. Fundamental Sources of Long Growth ［J］. American Economic Review, 1997（87）: 184 - 188.

［162］Stephens J K, Denison E F. Accounting for Slower Economic Growth: The United States in the 1970s ［J］. Southern Economic Journal, 1981, 47（4）: 1191.

[163] Wakelin K. Innovation and Export Behaviour at the Firm Level [J]. Research Policy, 1998, 26 (7 – 8): 829 – 841.

[164] Yang, R, He C. The Productivity Puzzle of Chinese Exporters: Perspection and Spillover Effects [J]. Papers in Regional Sciencet, 2014, 93 (2): 367 – 384.

后　记

我于 2011 年博士毕业进入中国农业科学院农业经济与发展研究所从事博士后研究工作，承担的第一份工作就是第五批国家级农业龙头企业的认定，至今已十年。农业产业化、农业企业管理也是我过去十年的重要工作和研究方向。回想 2007 年在合肥举办的中国农业技术经济年会上首次见到恩师秦富教授，不承想四年后竟然进入研究所从事博士后研究工作，幸运之至。十年来，我与秦老师合作共同从事农业产业化、农产品贸易等方面的研究工作，收获颇多。

樊琴琴博士研究生是本书的作者之一，也是我作为导师招收的第一个硕士研究生。其硕士论文从事农业龙头企业的研究工作，在读期间参与了第八批和第九批国家重点龙头企业的监测和第六批国家重点龙头企业的申报认定工作，目前博士就读于中国农业大学经济管理学院，依然致力于农业企业方面的研究工作。

王丽明博士现就职于农业农村部管理干部学院，主要从事乡村产业、休闲农业等方面的研究和培训工作。其多次参与国家重点龙头企业的申报认定和监测工作，以此数据为基础撰写了博士论文《产业集群背景下农业龙头企业技术效率的研究》。

在农业农村部农业产业化办公室的指导下，中国农业科学院农业经济与发展研究所先后参与或组织完成了 2011 年第五批、2019 年第六批、2021 年第七批国家级农业龙头企业申报认定的相关工作，以及 2014 年、2016 年、2018 年、2020 年和 2022 年国家级农业龙头企业监测的相关工作。

本书主要围绕研发投入、出口和农业企业生产率三者之间的关系进行探讨。"出口—生产率悖论"在其他行业得到证实，在农业行业内并未得到验证，本书从农业企业是否存在"出口—生产率悖论"这一视角开展研究，逐步对研究内容进行拓展，主要围绕农业企业是否存在"出口—生产率悖论"、农业企业生产率是否有差异、研发投入能否消除"悖论"现象等递进展开。书稿写作分工如下：第 1 章，贾伟、樊琴琴；第 2 章、第 3 章，樊琴琴、贾伟；第 4 章、第 5 章，贾伟、秦富；第 6 章，贾伟、王丽明、秦富等；第 7 章，王丽明、贾伟等；第 8 章，樊琴琴、贾伟等；第 9 章，贾伟、秦富。

衷心感谢乡村产业发展司翾燕庆二级巡视员（目前兼任休闲农业处处长），农业产业化处才新义处长、赵迪娜一级调研员、王斯烈四级调研员、加工处杨俊二级调研员；感谢农业农村部寇广增处长、康志华二级调研员等；感谢中国农业科学院农业经济与发展研究所钟钰研究员、杨艳涛研究员、刘合光研究员、朱宁副研究员等对农业龙头企业工作的支持；感谢黎莉莉副研究员、张敏副研究员、杨根全博士、周荣柱博士、任建超博士、王丽红博士、孙小龙博士、邹杰玲博士、赵培芳博士、董政祎博士、黄慧硕士、万莹莹硕士、吴文俊硕士等现在和曾经参与国家级农业产业化龙头企业认定和监测的同志；尤其感谢黄慧硕士、毛双硕士、丘肖霞硕士、金家文硕士等对研究文献和数据的梳理；感谢毛学峰教授、李春顶教授、孙致陆副研究员、孙小龙博士等提出的宝贵意见；感谢在相关文章发表过程中，匿名专家和编辑提出的宝贵意见。当然，文责自负。

不知不觉已进入不惑之年，谨以此书怀念曾经的青年岁月。

贾 伟

2022 年 9 月

图书在版编目（CIP）数据

研发投入、生产率与农业企业出口／贾伟等著.
－－北京：经济科学出版社，2022. 12
（中国农业科学院农业经济与发展研究所研究论丛.
第 6 辑）
ISBN 978 - 7 - 5218 - 4268 - 5

Ⅰ.①研…　Ⅱ.①贾…　Ⅲ.①农业企业 - 外向型企业
- 出口贸易 - 研究 - 中国　Ⅳ.①F324

中国版本图书馆 CIP 数据核字（2022）第 253345 号

责任编辑：初少磊
责任校对：王肖楠
责任印制：范　艳

研发投入、生产率与农业企业出口
贾伟　樊琴琴　王丽明　秦富　著
经济科学出版社出版、发行　新华书店经销
社址：北京市海淀区阜成路甲 28 号　邮编：100142
总编部电话：010 - 88191217　发行部电话：010 - 88191522
网址：www. esp. com. cn
电子邮箱：esp@ esp. com. cn
天猫网店：经济科学出版社旗舰店
网址：http：//jjkxcbs. tmall. com
北京季蜂印刷有限公司印装
710 × 1000　16 开　9. 5 印张　132000 字
2023 年 8 月第 1 版　2023 年 8 月第 1 次印刷
ISBN 978 - 7 - 5218 - 4268 - 5　定价：48. 00 元
（图书出现印装问题，本社负责调换。电话：010 - 88191545）
（版权所有　侵权必究　打击盗版　举报热线：010 - 88191661
QQ：2242791300　营销中心电话：010 - 88191537
电子邮箱：dbts@ esp. com. cn）